KB264812

희망을 심는 교육

기독교 대안학교 가이드

희망을 심는 교육
기독교 대안학교 가이드

엮은이 · 기독교학교교육연구소 ‖ **펴낸이** · 김승태
초판 1쇄 찍은 날 · 2007년 8월 5일 ‖ 초판 1쇄 펴낸 날 · 2007년 8월 10일
편집 · 방현주 ‖ **본문편집디자인** · 김선영
표지 디자인 · 이은희
영업 · 변미영, 장완철 ‖ **물류** · 조용환, 엄인휘

등록번호 · 제2-1349호(1992. 3. 31) ‖ **펴낸 곳** · 예영커뮤니케이션
주소 · (110-616) 서울시 성북구 성북1동 179-56 ‖ **홈페이지** www.jeyoung.com
출판사업부 · T. (02)766-8931, F. (02)766-8934 e-mail: jeyoungedit@chol.com
출판유통사업부 · T. (02)766-7912 F.(02)766-8934 e-mail: jeyoung@chol.com

copyright©2007, 기독교학교교육연구소

ISBN 978-89-8350-444-9 (03230)

값 8,000원

기독교학교교육연구신서 ❸

희망을 심는 교육
기독교 대안학교 가이드

기독교학교교육연구소

최근 기독교 대안학교에 대한 관심이 급증하고 있다. 이미 많은 기독교 대안학교들이 세워졌고, 지금도 여러 교회와 개인, 단체들이 기독교 대안학교들을 설립할 계획을 갖고 있다. 기독교교육 분야에서도 기독교 대안학교에 관한 많은 학위논문이 발표되었으며, 기독교교육과 또는 관련학과에 교과목으로 '기독교대안교육'이 개설되기 시작하였다. 뿐만 아니라 기독교대안교육협의회와 기독교대안학교연맹을 비롯한 여러 단체들이 기독교 대안학교를 지원하기 위해 출범되었다. 현재의 추세대로라면 향후 기독교 대안학교의 설립이 급증할 것으로 예상되며, 이는 현재 왜곡되고 황폐한 교육현실에 대한 기독교적 대안을 제시하는데 긍정적으로 기여할 것으로 보인다.

그런데 과연 우리나라에 어느 정도의 기독교 대안학교가 있고, 그 학교들은 어떤 특징을 지니고 있을까? 이러한 기본적인 질문에 대답하는 것이 쉽지 않다. 왜냐하면 기독교 대안학교에 대한 현황 파악이 거의 이루어지고 있지 않기 때문이다. 그러나 기독교 대안학교에 대한 정보와 실태를 알고자 하는 목소리는 날로 증가하고 있다. 자녀들을 기독교적으로 교육하고 싶어 하는 많은 기독학부모들이 기독교 대안학교에 관심을 갖기 시작하고,

자녀들 스스로도 기독교 대안학교를 자신의 학교로 선택하고 싶어 한다. 이들에게 기독교 대안학교를 소개하는 일이 필요하며, 기독교 대안학교에 관심 갖고 있는 많은 교사와 목회자, 그리고 기독교교육학도들에게 기독교 대안학교의 현황을 알 수 있도록 돕는 일도 매우 중요하다.

그러나 기독교 대안학교의 실태를 정확히 파악하는 것은 용이하지 않다. 왜냐하면 기독교 대안학교는 말 그대로 '대안학교'이기 때문에 대부분 정부의 인가를 받지 못한 상태로 개교하여 국가가 공공단체로 관리하는 것이 아니어서 어느 지역에 어떤 형태로 설립되어 있는지를 파악하기가 어렵기 때문이다. 또한 학교 명칭만으로는 기독교 대안학교인지를 분명하게 파악하기 힘든 경우도 있다. 기독교 대안학교 안에서 이루어지는 교육의 여러 현상을 파악하는 것도 쉬운 일이 아니다. 대안학교는 매우 다양한 형태로 교육이 이루어지며, 체계적이고 조직적인 문서화가 이루어지지 않은 경우가 많다. 그리고 지속적으로 형성되고 있는 과정이기 때문에, 정형화되지 않고 계속해서 변화하고 있어서 어느 시점에서 파악한 정보를 그 학교의 일반적인 정보로 이해하기도 어려운 실정이다.

이 책은 우리나라의 기독교 대안학교 전체를 망라했다고 보기는 어려우며, 기독교 대안학교 안에서 이루어지는 모든 내용을 분석한 것도 아니다. 그러나 기독교 대안학교에 대한 기본적인 소개와 안내마저 빈곤하기에 용기를 내었고, 차후에 지속적으로 보완할 것을 다짐하며 이 책을 내게 되었다. 이 책이 한국의 기독교 대안학교가 더 발전하기 위한 초석이 되기를 바라며, 기독교 대안학교에 대해 궁금해하는 많은 학부모들과 학생, 그리고 교사들과 기독교교육자들에게 좋은 길잡이가 되기를 바란다. 그리고 더 많은 사람이 이 땅의 어둡고 고통스러운 교육 현실에 대해서 하나님의 안타까움을 갖고 기독교 대안학교를 통한 하나님 나라 운동에 참여하기를 소망한다.

　이 책이 나오기까지 수고하신 모든 분들, 특히 대안학교 연구조사를 위해 수고한 기독교학교교육연구소의 류은정 연구원을 비롯한 연구원들과 협조해 주신 기독교 대안학교의 선생님들께 감사를 드린다.

2007. 7
기독교학교교육연구소
소장 박상진

차례_

표 차례_

그림 차례_

기독교 대안학교(가나다 순)

1장
기독교 대안학교 현실보기

기독교 대안학교란,
단지 '인가학교이냐? 비인가학교이냐?'를 떠나,
'기존의 공교육제도에 대한 한계를 느끼고,
기독교 세계관과 기독교교육 철학을 기초로 하여,
교육의 주체자들(교사, 부모, 학생)에 의해
기독교교육의 본질과 목적을 회복하고자 하는 학교'로 정의할 수 있을 것이다.

Ⅰ. 기독교 대안학교

1. 기독교 대안학교의 정의

기독교 대안학교에 대한 정의와 개념은 그 사용하는 사람에 따라 다양하게 사용되고 있다. 전광식은 오늘날 한국에 기독교적 정신을 가지고 세운 '사립 공교육기관'들이 있지만, 서양과 달리 기존의 공교육에다 성경공부 등만을 첨가하여 교육시킬 뿐이지 교육과정이나 학교생활 전반에 대해 성경적 교육이념을 실행하지 못하고 있다고 보았다. 그래서 아브라함 카이퍼가 세운 암스테르담의 자유대학과 같이 가치중립을 표방하는 공교육과 국가의 간섭을 탈피하여 자유롭게 신앙과 성경 중심적 교육을 할 수 있는 학교가 필요하며, 이러한 학교를 기독교 대안학교라 정의하였다.[1]

기독교대안학교연맹도 홈페이지를 통해 이와 비슷하게 기독교 대안학교를 정의하고 있다. 기독교대안학교연맹에 따르면 기독교학교는 교육과정 및 학교운영의 모든 면이 기독교적인 학교이며, 일반적인 교육과정에 예배나 성경공부를 첨가하였거나 설립이념만 기독교적인 학교가 아니라고 하였다. 그래서 일반적으로 한국에서는 미션스쿨(Mission School)이 기독교

---

1) 전광식, 『기독교 대안교육과 대안학교 – 그 원리와 실제』(서울: 독수리교육
   공동체, 2006), pp. 29.

학교로 이해되지만, 기독교학교(Christian School)와 미션스쿨은 엄연히 구별이 되어야 한다고 보았다. 기독교대안학교연맹은 이러한 기독교학교 정신으로 학교를 운영하기 원하는 학교들의 네트워크라고 진술하고 있다2). 이러한 정의 때문에, 기독교학교로 세워진 '인가된' 특성화학교들이 기독교대안학교연맹에 함께 하는 것으로 해석된다.

박상진은 광의의 기독교학교를 크게 기독교 선교학교, 기독교학교, 기독교 대안학교, 기독교 특수학교로 분류하여 그 차이를 설명함으로써 기독교 대안학교를 정의하였다. 먼저 불신학생의 전도와 선교(복음전파)를 주목적으로 하는 기독교 선교학교와, 기독교인 가정의 자녀들의 양육(제자도)을 주목적으로 하는 기독교학교를 구분하였다. 공교육 제도권 하에서는 일반적으로 '학생선발권'이나 '교육과정 편성권'과 같은 자율성이 보장되지 않기 때문에 후자의 학교는 대안학교의 형태를 많이 가진다고 하였다. 이런 이유로 한국의 상황에서는 '기독교학교'가 '기독교 대안학교'와 동일시되는 경향이 있지만, 그러나 엄밀히 말하여서는 '기독교적인 관점'을 강조하는 기독교 대안학교3)와 '기독교적인 대안성'을 강조하는 기독교 대안학교가 구별되어야 한다며, 전자를 협의의 '기독교학교', 후자를 '기독교 대안학교'로 다시 구분하였다. 그리고 현재 흔히 우리가 기독교 대안학교라고 정의한 범주에는 이러한 학교가 공존하고 있음을 이해할 필요가 있다고 지적하였다.4)

오늘날 많은 경우 '기독교 대안학교'라는 명칭은 '기독교성', '대안성', '학교성'에 대한 검토 없이, 마치 '기독교학교'이면서 '비인가'인 학교를 총칭하는 의미로 사용되는 경향도 있다. 그러나 위의 여러 정의들을 종합하

---

2) http://www.casak.org
3) 혹자는 이를 기독교 원안(原案)학교라는 용어를 사용할 것을 제안하기도 하였다.
4) 박상진, 『기독교학교교육론』(서울: 예영커뮤니케이션, 2006), pp. 43~46.

고 요약할 때, 기독교 대안학교란, 단지 '인가학교이냐? 비인가학교이냐?'
를 떠나, '기존의 공교육제도에 대한 한계를 느끼고, 기독교 세계관과 기독
교교육 철학을 기초로 하여, 교육의 주체자들(교사, 부모, 학생)에 의해 기
독교교육의 본질과 목적을 회복하고자 하는 학교'로 정의할 수 있을 것이다.

이와 같이 다양한 맥락에서 정의되는 기독교 대안학교는 다각적인 측면
에서 조명되고 논의될 가능성을 가지고 있음을 주목하여야 한다. 이번 연
구에서는 먼저 기독교 대안학교를 정의하여 그 대상을 설정하기보다 '인가
된 특성화고등학교'를 포함하여 학교의 정체성을 '기독교 대안학교'라 여기
는 모든 학교를 그 대상으로 삼았다. 이번 연구가 기독교 대안학교에 대한
또 하나의 정의를 생각해 볼 수 있는 계기가 될 것으로 기대한다.

2. 한국 기독교 대안학교의 역사

교육부가 1998년 편찬하고 발행한 「교육 50년사」에서 1990년대의
한국교육에서 새로운 변화의 하나로 대안교육의 등장을 들고 있다. 우리나
라에서 본격적인 대안교육, 대안학교에 관한 논의는 90년대 들어 활발하
게 전개되었다. 사회전반에 민주화 물결이 드높던 80년대를 지나면서 특
히 교육부문의 교사운동, 학부모운동은 90년대 초반 대표적인 주민자치,
영역자치, 생활자치의 당사자 주도의 새로운 사회운동의 하나로 자리 잡게
되었다. 이를 통해 교육당사자들의 목소리가 높아지고 자신들의 입장에서
교육개혁을 주장하게 되었다. 나아가 이러한 맥락에서 비로소 기존의 제도
교육 체제를 넘어선 새로운 교육문화, 곧 대안교육에 대한 논의가 비롯되
었다.

정보화, 세계화, 포스트모더니즘과 같은 새로운 사조들이 등장함으로써

한국사회의 변화에 대한 기대와 전망이 빠르게 변화하였다. 이러한 변화는 교육부문에도 반영되어 급진적 변화를 추구하던 학교 안팎의 교육적 실천들이 약화되는 대신 새로운 경향의 다양한 교육적 실천들이 소규모 단위로 모색되었다. 이들은 사회변화라는 큰 주제보다는 입시나 교과 성적 위주의 학교교육에서 고통 받는 학생들에게 좀 더 자유롭고 다양한 교육적 경험을 제공한다는 데 더 큰 관심을 두었으며, 주말이나 방학을 이용한 소모임 또는 캠프 형태로 진행되었다.

90년대 초를 넘기면서 이러한 형태의 시도들은 빠르게 증가하였다. 기독교 대안학교의 모습도 이 가운데 나타났는데, 가출청소년을 위한 들꽃피는학교, 유아를 대상으로 하는 꾸러기학교 등이 그것이다. 기존의 학교교육에 대한 기대가 사라지고 새로운 교육에 대한 갈망이 표출되었다는 것이다. 이들은 공통적으로 메마른 지식과 경쟁을 지양하고 자율적으로 남과 더불어 살며 감성이 풍부한 인간을 지향하는 한편, 자연 속에서의 노작과 체험을 중시하였다.

처음에는 이른 바 "새로운 학교를 꿈꾸는 사람들"이 그저 학교를 벗어나 작은 집단을 이루어 조금씩 실험적인 교육현장을 만들어 가는 정도였다. 물론 다른 한편으로는 이미 제도교육, 입시위주의 교육 풍토에서 오랫동안 인성교육이나 부적응아 교육에 노력해 온 풀무농업고등기술학교가 새삼 부각되고 있었다. 이후 대안교육에 대한 사회적 관심이 확산되고 때마침 추진되던 정부의 교육개혁 흐름과 만나면서, 1997년 말에는 제도 교육 안에서 새로운 교육을 가능케 하는 특성화고등학교 제도가 입법화되었다. 특성화학교(중ㆍ고등학교)는 국가교육과정의 획일화된 형식과 내용을 탈피하여 학생들의 다양한 관심과 능력을 충족시킬 수 있도록 한 제도이다. 특성화학교는 학교의 규모나 교육과정운영, 학생의 운영 참여 등에서 기존의 학교와는 상당한 격차를 보여 준다.

대안학교는 제도교육과의 관련 정도에 따라 제도 교육의 틀 속에서 운영되는 형태, 제도 교육 틀 곁에서 운영되는 형태, 제도교육 틀 밖에서 제도교육과 무관하게 이루어지는 형태 등으로 이루어져 왔다. 대안교육의 이념을 인식하고 명시적으로 그에 따른 실천을 지향하는 학교는 정규학교로 '인가된 대안학교', 상설학교의 형태를 갖추기는 했지만 '인가받지 않은 대안학교', 다양한 형태의 '계절제' 또는 '방과 후 프로그램', 비교적 최근에 주목을 받고 있는 '가정 학교' 또는 '홈스쿨링'(homeschooling)으로 구분할 수 있다. 본서의 금번 기독교 대안학교 현황분석에서는 '인가된 대안학교'와 상설학교의 형태를 갖추고 '인가받지 않은 대안학교'를 중심으로 연구계획을 세우고 조사연구를 진행하였다.

2005년 3월 2일 국회를 통과한 '초 · 중등교육법' 개정안 제60조의 3항에 대안학교 관련 조항이 신설되었고, 2007년 6월 28일에 '대안학교의 설립 · 운영에 관한 규정'이 발표되었다.5) 대안학교의 제도화는 이미 특성화학교, 위탁교육제도를 통해 상당 부분 진행되고 있는데, 대안학교가 교육법상에 법제화되면서 앞으로 대안학교의 지형이 빠르게 변화할 조짐이 나타나고 있다.

---

5) 참고 [부록2 대안학교의 설립 · 운영에 관한 규정]

II. 기독교 대안학교 실태조사

우리나라의 교육은 이미 '고통'이 되어 버린 지 오래이다. 입시에 발목 잡힌 교육은 많은 학생들에게 더 이상 배움의 즐거움을 주지 못하고 있다. 가르치는 사람도 교학상장(教學相長)의 기쁨을 맛보지 못하는 경우가 많다. 높은 교육열을 지닌 우리나라의 학부모들은 이러한 현실을 어떻게든 타개해 보려 하지만, 형편이 그나마 좀 나은 학부모들은 해외로 자녀들을 보내고 있을 뿐, 대부분의 가정에서는 고통스러운 현실을 감내할 수밖에 없다.

이러한 교육현실에 대한 대안으로 '새로운 학교, 새로운 교육'을 지향하며 생겨난 것이 대안학교이다. 제도권 교육의 입시 집중화, 획일화된 교육방법, 교육운영의 타율화를 극복하고 교육의 본질 회복, 교육방법의 다양성과 교육운영의 자율성을 확보하기 위해 시작된 것이 대안학교이다.

이러한 시대적 문제와 필요에 대해 기독교계에서도 책임을 느끼게 되었다. 기독교교육은 '천하보다 귀한 한 영혼'을 교육의 대상으로 삼기 때문에 각 개인의 특성을 누구보다 존중하게 된다. 뿐만 아니라 사람이 하나님을 만날 수 있도록 인도하여 죄로 인해 잃어버린 하나님의 형상을 회복하고 온전한 사람이 되도록 만드는 목적을 가지고 있다. 사람이 하나님을 만나 자신의 온전한 모습, 참된 인간의 모습을 회복하면 다른 사람과의 관계, 자기 주변의 자연과의 관계도 올바르게 변화하게 된다. 또한 하나님이 그 사람을 이 땅에 만드신 목적에 대해 생각하고 자신에게만 주신 고귀한 목적을 위해 살게 되기에 이상에서 언급하였던 교육의 문제들을 뛰어넘어 참된 인간으로 스스로 자신을 만들어갈 수 있게 된다. 그렇기 때문에 우리 교육의 문제 해결에 기독교교육의 개입이 필연적으로 요청된다고 할 수 있다. 기독교 대안학교는 이처럼 우리 교육의 붕괴에서 기인한, 새로운 교육을 모색하고자 하는 자연스런 현상으로부터 출발하였다.

현재 우리나라에서는 이상에서 언급한 동기에서 비롯된 기독교 대안학교들이 많이 생겨나고 있다. 이러한 시점에서 본 연구소는 기독교 대안학교의 현황을 정리하여 현재 기독교 대안학교의 위치를 점검하고, 앞으로의 행보를 위한 격려와 성찰을 제시하기 위해 '기독교 대안학교 실태조사'를 시행하였다.

기독교 대안학교 실태조사는 기독교 대안학교를 대상으로 실시한 설문조사를 기초로 이루어졌다. 2006년 7월에 연구원들의 공동연구 작업으로 기독교 대안학교 실태조사를 위한 설문지를 작성과 조사 대상 학교를 선정하였다. 1차 조사는 설문조사를 위한 준비 작업으로 2006년 8월 중에 기독교학교연구소의 연구원들이 각 기독교 대안학교의 홈페이지와 언론자료를 탐색하여 기본사항들을 조사·정리하였다. 2차 조사는 작성된 기초자료를 8월과 9월 두 차례에 걸쳐서 우편으로 전달한 후 회수하는 방법으로 48개교 학교에 설문지를 보내고 설문지를 수합하였다. 그 중에서 20개 학교의 설문지 자료가 수합되었으며, 나머지 15개 학교는 각 학교의 홈페이지검색결과를 토대로 하여 설문지의 각 항목에 대한 분석 내용을 그대로 사용해도 좋다고 승인하였다. 연구가 진행되는 동안 부득이한 다수의 변인(개교와 폐교)으로 학교의 수가 증감하여, 2006년 12월을 기준으로 모두 43개의 기독교 대안학교 명단을 정리하게 되었다. 3차 조사는 최종 정리된 43개의 학교에 대한 전화 설문으로 진행 하였다. 이를 통해 응답하지 않은 학교 자료까지 보완하여 조사를 마무리 했다.

조사의 대상이 되는 기독교 대안학교는 유치원을 제외한 초, 중, 고등학교 학제를 편성하고 있는 학교로 한정하였다. 또한, 설문지 항목별로 응답한 학교의 수가 제각기 달라 각 설문지 항목 분석에서 누락되는 경우가 있었다. 특별히 재정부분에 있어서는 여러 학교가 구체적인 응답을 회피하여 분석에 어려움을 겪었다. 자료의 확인여부는 각 항목마다 구체적으로 진술하고자 한다.

각 대안학교의 바쁜 사정으로 인하여 적극적인 응답을 받을 수 없었던 점과, 학교가 답변한 내용이 진실인지를 확인 실사할 수 없었다는 점 등이 실태조사의 아쉬움으로 남는다.

실태조사를 위한 설문지는 다음과 같이 크게 5가지 영역으로 구성되어졌다.

1. 교육의 기초

기독교 대안학교의 건학이념, 설립목적, 교육목표 등을 확인하는 영역이다. 특별히 개교준비시기와 개교시기를 조명하고, 설립과정과 설립주체를 확인한다. 학교의 교육목적과 설립과정을 확인하는 과정에서 신중하게 학교를 세워가는 것의 중요성을 확인할 수 있을 것으로 기대한다.

2. 학교의 조직 및 운영

학생들의 교육활동을 지원하기 위한 시스템의 정비가 잘 이루어지고 있는지를 점검하는 영역이다. 학교의 조직 및 운영이 원활하게 이루어질 때 교수학습활동도 역동적으로 바르게 일어날 수 있다. 여기서는 학교의 교직원수 현황, 학교의 형태, 학교의 재정운영 등을 확인하게 된다.

교직원수 현황을 살펴보는 것을 통해 교육을 담당하는 교사를 비롯하여 교육행정가, 교목, 직원의 구성이 적정하게 이루어지고 있는지 살펴본다. 재정적인 어려움으로 많은 기독교 대안학교가 정교사보다 강사에 의존하고 있는 경우가 있음을 감안할 때, 교직원의 구성을 분석해 보는 것은 차후 보완할 면을 짚어 보게 하여, 향후 기독교 대안학교의 나아갈 길에 많은 도움이 될 것이다.

3. 교직원

교직원 영역에서는 각 학교의 교사 선발 기준과 교사교육에 대한 내용을 확인하였다. 기독교 대안학교의 운영에 있어서 가장 중요한 부분이 교사 영역이라고 할 때, 재정적으로 열악한 기독교 대안학교가 교사를 어떻게 선발하고 교육하는가 하는 부분은 매우 중요한 대목이라 할 수 있다.

4. 학생 및 시설

학생 및 시설 영역에서는 기독교 대안학교에 입학한 학생들이 기독교적 가치를 바탕으로 안전하고 쾌적한 환경에서 교육받을 수 있도록 환경적 측면, 시설의 구비, 정비가 이루어지고 있는지를 확인한다. 특별히 장애학생을 배려하는 시설이 갖추어져 있는지를 물어보았다.

5. 교육과정

교육과정은 학교교육활동의 핵심이다. 교육목적 실현에 적절한 교육과정의 편성, 기독교 세계관을 반영한 교과교육, 교수-학습활동 및 학습평가활동을 평가하고, 기독교학교로서 고유한 교육과정 개발이 이루어지고 있는지를 살펴볼 수 있었다. 또한 각 학교에서 이루어지는 다양한 교육과정들의 밑바탕에 있는 함의들을 유추해 낼 수 있는 기회가 될 수 있다.

표1-1 기독교 대안학교 실태 조사 주요 설문 내용[6]

영역	질문 내용
1. 교육의 기초	학교개교일, 전화번호, 팩스번호, 홈페이지 주소, 우편 주소 건학이념, 설립목적, 교육목표, 교훈, 설립주체, 설립과정
2. 학교의 조직 및 운영	교직원수, 학교 관련 교단 학교형태(학제, 기숙사 유무), 학교의 재정 비율, 학생 납부내역(기부금, 예탁금, 입학금, 수업료, 기숙사비)
3. 교직원	교사 선발 기준, 교사계속교육 프로그램, 교원 복지(연봉)
4. 학생 및 시설	학년별 학급 수, 학생 수, 학생선발기준, 입학 절차, 모집 시기, 학교터전, 공간의 특징
5. 교육과정	교과서 사용, 교육과정 편성표, 주간수업시간표, 교육과정의 특징

---

6) 참고 [부록1 기독교대안학교 실태조사 설문지]

III. 기독교 대안학교 실태조사 분석

1. 교육의 기초

1) 개교시기 분석

표1-2 개교 시기 분포별 기독교 대안학교 분류

	학교	계
1990년대 이전	풀무농업고등기술학교	1
1990년대 (90-99)	광주동명고등학교/두레자연고등학교/한빛고등학교 세인고등학교/꿈의학교/들꽃청소년세상 미래지도자학교/진솔대안학교/푸른꿈고등학교	9
2000년대 초반 (00-03)	공동체비전고등학교/글로벌비전크리스천스쿨 독수리기독중고등학교/로고스기독학교/멋쟁이학교 산마을고등학교/어린이학교/지구촌고등학교 한동국제학교	9
2000년대 중반 (04-06)	굼나제청소년학교/늘푸른국제학교/달구벌고등학교 두레자연중학교/두레학교/벨국제학교/사사학 교산돌학교/삼광국제기독학교/성산효마을학교 여명학교/예뜨랑국제학교/전인기독학교/천안대안학교 청주중고등성경학교/한국국제크리스천스쿨 한국기독국제학교/한국기독사관학교	24
	2006년(6개) 광성드림학교/등대국제학교/샘물기독학교 쉐마기독학교/아힘나평화학교/하나인학교	
계		43

그림1-1 개교 시기 분포별 기독교 대안학교 분류

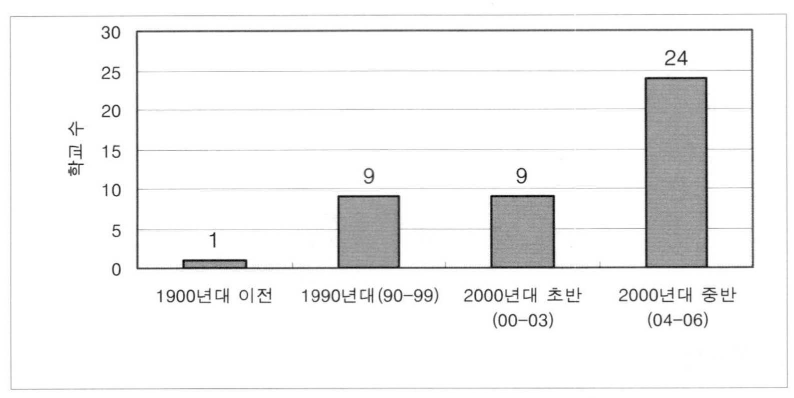

　　교육인적자원부는 1996년 12월 "학교 중도탈락자 예방 종합대책"을 발표하였다. 대책의 핵심은 학교 모델을 다양화한다는 것과 학교 운영체제를 혁신하여 부적응 현상을 최소화한다는 것이었다. 이후 정책을 다소 수정하여 대안학교의 의미를 단지 중도탈락자만을 위한 학교가 아니라 다양한 방식의 새로운 교육을 추구하는 학교로 재규정하는 한편, 정부 주도로 학교를 설립하기보다는 민간에 의한 학교 설립을 지원하는 방향으로 선회하였다. 그 일환으로 1997년 6월에는 고교설립준칙주의를 발표하여 학교 설립에 필요한 정원과 부지, 그리고 시설 기준 등을 크게 완화하였다. 1998년 3월에는 이를 교육법시행령에 명시, 공포하였다. 이러한 결과로 특성화고등학교들이 생겨나기 시작했으며, 이러한 결과는 기독교 대안학교설립에도 영향을 미치게 되었다. 1990년대 후반에 설립된 학교들은 대체로 특성화학교가 그 주를 이루었으며, 2000년대 초반에 들어와서 기독교 대안학교들이 증가하기 시작하여 최근 들어 급속한 증가 추세를 보이고 있다. 2006년에만 6개가 설립된 것으로 파악되고 있으며, 2007년 이후로 더 많은 수의 학교가 생겨날 것으로 예상된다.

2) 학교 유형: 법적 분류

표 1-3 법적 인가 여부에 따른 기독교 대안학교 분류

구분	인가학교	비인가학교
학교	**특성화학교** 공동체비전고등학교 광주동명고등학교 달구벌고등학교 두레자연중학교 두레자연고등학교 산마을고등학교 세인고등학교 지구촌고등학교 푸른꿈고등학교 한빛고등학교 **위탁형 대안학교** 성산효마을학교 천안대안학교 **고등기술학교7)** 풀무농업고등기술학교	광성드림학교/굼나제청소년학교 글로벌비전크리스천스쿨/꿈의학교 늘푸른국제학교/독수리기독중고등학교 두레학교/들꽃청소년세상 등대국제학교/로고스기독학교/미래지도자학교 멋쟁이학교/벧국제학교/사사학교/산돌학교 삼광국제기독학교/샘물기독학교/쉐마기독학교 아힘나평화학교/어린이학교/여명학교 예뜨랑국제학교/전인기독학교/진솔대안학교 청주중고등성경학교/하나인학교 한국국제크리스천스쿨/한국기독국제학교 한국기독사관학교/한동국제학교
계	13	30

그림 1-2 법적 인가 여부에 따른 기독교 대안학교 분류

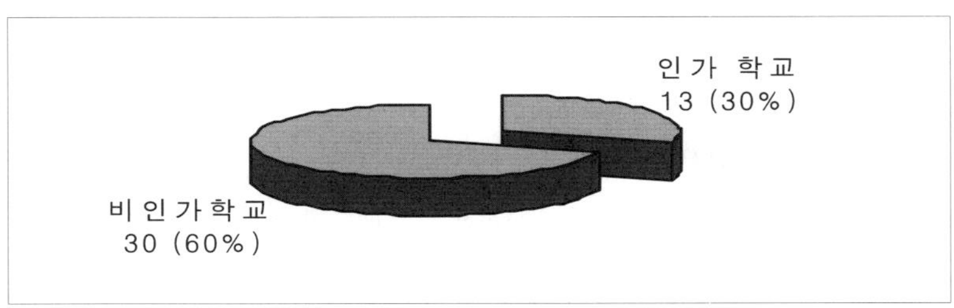

---

7) 국민생활에 직접 필요한 직업기술의 연마를 목적으로 하는 고등학교 수준의 각종 학교.

대안학교는 크게 정규학교로 '인가형 대안학교'와 '상설학교의 형태를 갖추기는 했지만 인가받지 않은 비인가형 학교'로 나누어 정리해 볼 수 있다. 현재까지는 비인가형 학교가 인가형 학교보다 그 수가 월등히 우세함을 볼 수 있다. 비인가형 학교는 정부로부터 재정적인 지원을 받지 못하고,[8] '검정고시'를 통해서 학력을 인정받을 수 있다는 점 등에서 어려움이 있다. 2007년 6월 28일에 공포된 '대안학교의 설립 · 운영에 관한 규정'의 의해 인가형 학교로 전환한다면, 이 분류에도 많은 변화가 일어날 수 있을 것이다.

3) 교육목적 분석

학교의 건학이념과 비전과 사명선언이 포함된 교육목적은 학교의 교육과정을 비롯한 교육환경, 교육시설 등에 반영된다. 많은 기독교 대안학교들은 기독교인재 양성과 지도자배출을 목표로 함에 따라 이들에게 필요한 교육과정을 구성하고 있다. 교육목표가 기독교적 정신에 입각하여 설정되었더라도 구체적으로 교육과정에 드러나지 않는 학교들이 있다. 반면에 교육목표 속에 기독교에 관련된 용어들이 구체적으로 명시되지 않았지만 교육과정 속에 기독교적 요소들이 자연스럽게 스며들고 배어 있는 학교들도 있다. 이제 몇 가지의 주요 특징들을 통하여 기독교 대안학교들의 교육목적 분석을 시도하고자 한다.

기독교 대안학교들은 설립이념을 포함하는 교육목적 속에 기독교적 세계관, 기독교 정신, 성경적 세계관이라는 용어를 가장 많이 포함하고 있다. 이들은 교육목적에 따른 교육목표 안에 하나님의 형상을 회복하는 내용을 포함하고 있으며, 교육의 비전과 사명 안에서 예수 그리스도의 제자화를

---

8) '인가형 대안학교' 중에도 '사립학교에 지원되는 재정 결함지원' 대상으로 재정 지원을 받지 않는 학교가 있다.

표방하고 있다. 그리고 이에 따라 자연스럽게 하나님께서 학생 각자에게 주신 재능을 계발하여 기독교인재를 양성하는 설립목표를 이루게 된다. 또한 이들 교육목적들을 이루기 위한 노력을 구체적으로 설정하는데 있어서 이웃을 사랑하고 자신의 재능을 계발하기 위하여 공동체 훈련과 체험학습 등과 같은 교육과정이 형성될 수 있는 가능성을 가지고 있다. 아울러 기독교적인 세계관에 입각한 교육목적은 지성, 영성, 인성을 포함한 전인교육을 실시하는 분위기를 조성하게 되고 이런 교육공동체의 풍토는 세상을 변화시키는 주체자를 길러 내는 밑바탕이 되는 것이다.

기독교 대안학교들은 거의 대부분 기독교적 세계관, 기독교 정신에 입각하여 기독교인재를 양성하는 것을 교육목적으로 삼고 있지만 일부 학교는 교육의 위기에 대한 대안학교를 지향하는 것을 교육이념으로 설정하고 있는 경우도 있다. 이들 학교는 교육목적을 진술함에 있어서 명시적으로는 기독교적인 용어를 사용하지 않지만 교육목표와 특징들과 교육과정안에 이루어지는 교육방법들의 내용과 용어들은 충분히 기독교적인 정신을 담고 있다고 볼 수 있다.

여러 기독교 대안학교 중에서도 특별히 구별되는 학교들이 있다. 한동국제학교와 지구촌고등학교는 선교사 자녀 양육을 교육목적으로 하고 있다. 여명학교9)는 탈북청소년들이 하나님 형상으로서의 자기회복과 정체성을 바로 확립할 수 있도록 돕는다는 특수한 교육목적을 갖고 있다.

국제학교라고 명명되는 기독교 대안학교들은 학교의 건학이념과 설립취지, 비전과 사명 등을 포함한 교육목적과 교육철학의 내용 속에 기독교 정신, 기독교 세계관을 바탕으로 하여 하나님의 형상을 회복하고 국제화시대

---

9) 이후에도 기독교적 정신을 가지고 북한 이탈 청소년들을 교육하는 기독교 대안학교("하늘꿈학교", "한꿈학교" 등)들이 조사, 보고되었으나 본 연구에는 포함되지 않았다.

에 세상을 선도하는 기독교인재로 학생을 양성한다는 목적을 포함하는 경우가 많이 있었다.

4) 지역별 분포 분석

표1-4 지역별 기독교 대안학교 분포

구분	학교	계	비율
서울	미래지도자학교/여명학교/전인기독학교	3	7%
경기도	광성드림학교/독수리기독중고등학교 두레자연고등학교/두레자연중학교/두레학교 들꽃청소년세상/등대국제학교/로고스기독학교 멋쟁이학교/산돌학교/산마을고등학교 삼광국제기독학교/샘물기독학교/성산효마을학교 쉐마기독학교/아힘나평화학교/어린이학교 하나인학교/한국국제크리스쳔스쿨 한국기독사관학교/한국기독국제학교	21	49%
충청도	공동체비전고등학교/꿈의학교 글로벌비전크리스쳔스쿨/늘푸른국제학교 벧엘국제학교/사사학교/천안대안학교 청주중고등성경학교/풀무농업고등기술학교	9	21%
전라도	광주동명고등학교/굼나제청소년학교/세인고등학교 예뜨랑국제학교/진솔대안학교/푸른꿈고등학교 한빛고등학교	7	16%
경상도	달구벌고등학교/지구촌고등학교/한동국제학교	3	7%
계		43	100%

그림1-3 지역별 기독교 대안학교 분포

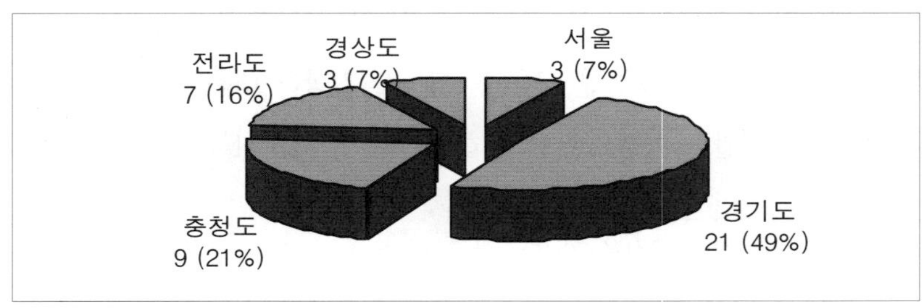

대안학교가 자리하고 있는 위치를 분석해 보면 지역별 분포에 차이가 있음을 알 수 있다. 서울에 있는 학교는 대부분 독립건물이기보다는 세입 형태이거나 교회 건물 안에 있었다. 경기지역은 월등하게 학교의 수가 많아, 전체 대안학교 수의 거의 50%에 육박한다. 한 곳에 너무 집중해 있는 측면이 있는데 이는 일산, 분당과 같은 경기도 내의 신도시에 학교들이 많이 세워지고 있기 때문이다.

충청지역, 전라지역, 경상지역 안의 상당수의 학교들은 모두 전원의 풍경을 가진 자연친화적인 곳에 위치하고 있다. 면학분위기 조성을 위하여 도심지보다는 외곽, 변두리 지역에 집중되어 있었다. 또한 인간과 인간, 인간과 자연이 함께 어우러져 사는 사회를 꿈꾸는 자연친화적 대안학교들도 있다. 다른 이유로는 학교 부지를 확보할 때 개인이나 단체, 시설에서 학교를 위하여 대지를 기부한 경우, 학교 위치가 도심에서 벗어난 지역일 가능성이 높아진다. 지방에 있는 기독교 대안학교는 거의 대부분이 기숙사 시설을 갖추고 있는 것도 바로 이러한 이유이다.

5) 학교 설립주체

그림1-4 설립 주체에 따른 기독교 대안학교 분류

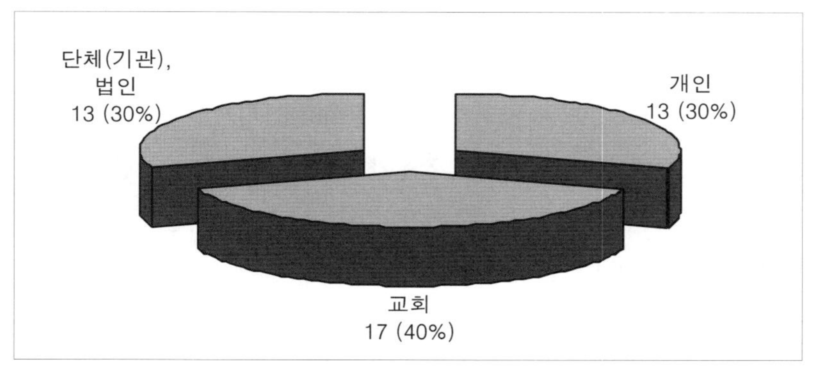

표1-5 설립 주체에 따른 기독교 대안학교 분류

구분	학교	계	비율
개인	굼나제청소년학교/늘푸른국제학교/독수리중고등학교들꽃청소년세상/등대국제학교/로고스기독학교벨국제학교/사사학교/아힘나평화학교/예뜨랑국제학교진솔대안학교/풀무농업고등기술학교/한국기독사관학교	13	30%
교회	광성드림학교/광주동명고등학교/두레학교두레자연고등학교/두레자연중학교/멋쟁이학교미래지도자학교/산돌학교/삼광국제기독학교샘물기독학교/성산효마을학교/쉐마기독학교어린이학교/여명학교/전인기독학교천안대안학교/청주중고등성경학교	17	40%
단체(기관),법인	공동체비전고등학교/꿈의학교/글로벌비전크리스천스쿨달구벌고등학교/산마을고등학교/세인고등학교지구촌고등학교/푸른꿈고등학교/하나인학교한국국제크리스스쿨/한국기독국제학교한동국제학교/한빛고등학교	13	30%
계		43	100%

기독교학교의 건학이념과 사명과 비전선언은 설립주체에 의해 영향을 받는 경우가 많기 때문에 설립주체의 정체성은 기독교학교의 정체성과 직접적으로 관련성이 깊다.

기독교 대안학교의 설립주체는 교회가 상당수를 차지하고 있다. 이는 초기 한국교회 역사 속에서 교회가 주축이 되어 기독교학교를 세웠던 한국의 기독교학교의 뿌리와 일맥상통한 부분이라고 여겨진다. 교회설립학교의 특징은 초등대안학교로 시작한 경우가 많다는 것인데, 이러한 학교들은 대부분 고등학교 3학년까지 12학년제를 목표로 하고 있다는 특징이 있다.

종교단체나 기관부설로 세워지는 학교와 개인이 세우는 학교가 그 다음으로 많았다. 개인이 설립 주체자인 경우는 대부분 개인이 학교설립에 있어서 재정적인 기반을 조성할 수 있는 재원을 확보하고 있을 경우가 많음을 알 수 있다.

2. 학교의 조직 및 운영

1) 교회에서 세운 학교의 유관 교단

표1-6 설립주체가 교회인 기독교 대안학교의 교단별 분류

구분	학교	계	비율
예장통합	광성드림학교(거룩한빛광성교회)/두레학교(두레교회) 두레자연중학교(두레교회)/두레자연고등학교(두레교회) 멋쟁이학교(사랑방교회)/어린이학교(사랑방교회)	6	35%
예장합동	광주동명고등학교(동명교회)/쉐마기독학교(꽃동산교회) 여명학교(남서울은혜교회)	3	18%
예장고신	샘물기독학교(샘물교회)	1	6%
감리교	산돌학교(감리교)/전인기독학교(임마누엘교회)	2	12%
성결교	삼광국제기독학교(부천삼광교회)	1	6%
순복음	미래지도자학교(서울순복음교회) 성산효마을학교(순복음인천교회) 천안대안학교(중부순복음교회)	3	18%
합동정통	청주중고등성경학교(참사랑교회)	1	6%
계		17	100%

그림1-5 설립주체가 교회인 기독교 대안학교의 교단별 분류

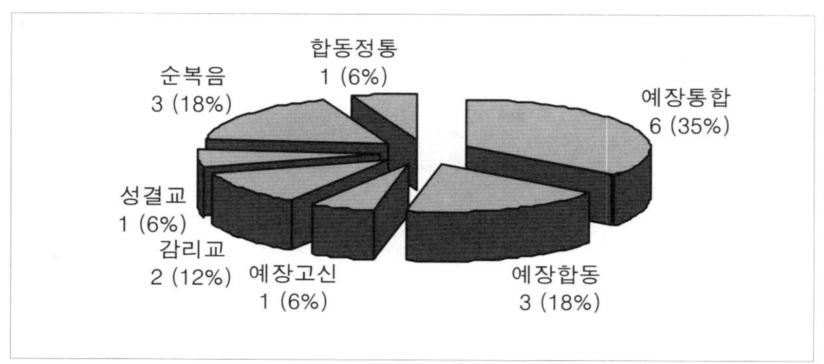

기독교 세계관에 근거한 기독교교육을 학생들에게 시행하려면 학교가 건전한 신앙분위기와 신학적 풍토를 지녀야 한다. 대안학교 실태조사 연구에서는 이를 위하여 교장, 교감, 교목의 소속교단을 질의하여 이를 검토해 보려 하였으나, 학교행정가 몇 사람의 소속교단이 그 학교의 신학적 특성을 드러내는 것은 아니라는 판단 하에, 교회에서 설립한 학교들에 대해서만 유관 교단을 확인하였다. 대한예수교장로회(통합, 합동)와 관련을 맺는 학교 수가 우위를 차지하고 있다.

2) 학제 편성

표1-7 학제 편성에 따른 기독교 대안학교의 분류

구분	초등	중등	고등	학교명	계	비율
초				광성드림학교/두레학교/미래지도자학교 샘물기독학교/어린이학교/전인기독학교/하나인학교	7	16%
초중				삼광국제기독학교	1	2%
초중고				꿈의학교(초등6년부터)/글로벌비전크리스천스쿨 등대국제학교/로고스기독학교/예뜨랑국제학교 한국국제크리스천스쿨/한국기독국제학교	7	16%
중				두레자연중학교/아힘나평화학교/천안대안학교	3	7%
중고				굼나제청소년학교/늘푸른국제학교 독수리기독중고등학교/들꽃청소년세상/멋쟁이학교 사사학교/산돌학교/성산효마을학교/쉐마기독학교 여명학교/진솔대안학교/청주중고등성경학교 한국기독사관학교/한동국제학교	14	33%
고				공동체비전고등학교/달구벌고등학교 광주동명고등학교/두레자연고등학교/벧국제학교 산마을고등학교/세인고등학교/지구촌고등학교 푸른꿈고등학교/풀무농업고등기술학교 한빛고등학교	11	26%
계					43	100%

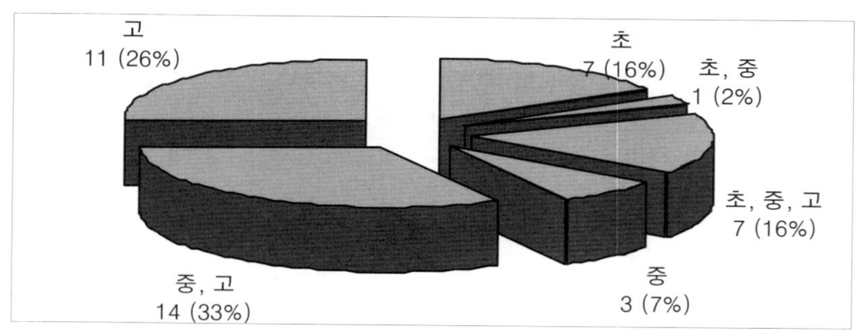

그림1-6 학제 편성에 따른 기독교 대안학교의 분류

학제 편성은 초등학교, 중학교, 고등학교, 초/중, 중/고, 초/중/고로 나누어 조사되었다. 학교가 12년제 교육기관을 지향하더라도 현재 재학 중인 학생이 있는 학제만을 기준으로 정리하였다.

현재까지는 중등과정 6년을 포함하는 중/고 유형의 학교와 고등학교 유형의 학교가 가장 많았다. 기독교 대안학교 설립이 시작되는 초기에는 주로 중·고등학교교육과정을 통합하여 이루어지는 학교가 많았으며, 중학교로 시작하여 학생들이 상급학교에 진학함으로 인하여 고등학교가 설립되어 계속 학제가 진행되는 사례가 증가하고 있다. 고등학교만으로 학제 편성된 경우는 대부분 특성화고등학교임을 알 수 있다.

최근에는 교회에서 설립한 학교들을 중심으로 초등 대안학교 설립이 활성화되고 있으며, 이러한 학교들은 아직까지는 초등학생들만 대상으로 하고 있다. 그러나 고등학교 3학년까지 12학년제를 생각하고 준비하는 학교들이 많아서, 앞으로 이러한 학교들이 중등과정 준비에 박차를 가하게 될 것으로 기대된다. 일부 학교에서는 공교육에서도 의무 교육화에 대한 계획이 있는 유치원을 포함하는 학교들도 있었다.

3) 교사분포

표1-8 기독교 대안학교의 교사 분포

구분	학교	정교사			외부 강사	전체교직원10) (정교사+정직원)
		남	여	계		
초 (7)	광성드림학교	7	2	9	15	15
	두레학교	4	3	7	8	12
	샘물기독학교	2	8	10	5	14
	어린이학교	2	5	7	20	7
	전인기독학교	2	24	26	0	30
	미래지도자학교	2	6	8	4	10
	하나인학교	3	5	8	5	10
초,중(1)	삼광국제기독학교	1	7	8	3	10
초,중,고 (7)	꿈의학교(초등6년부터)	18	24	42	9	52
	글로벌비전크리스천스쿨	16	24	40	·	87
	등대국제학교	4	5	9	·	11
	로고스기독학교	4	6	10	5	12
	예뜨랑국제학교	4	2	6	4	12
	한국국제크리스천스쿨	·	·	13	3	34
	한국기독국제학교	2	5	7	·	7
중 (3)	두레자연중학교	5	3	8	0	11
	천안대안학교	2	2	4	16	20
	아힘나평화학교	3	3	6	20	9
중,고 (14)	굼나제청소년학교	2	4	6	5	7
	늘푸른국제학교	8	9	17	17	24
	독수리기독중고등학교	9	10	19	14	29
	들꽃청소년세상	3	1	4	1	4
	멋쟁이학교	3	3	6	17	7
	사사학교	4	9	13	11	16
	산돌학교	6	6	12	9	12
	성산효마을학교	1	4	5	12	9
	쉐마기독학교	2	8	10	12	24
	여명학교	5	5	10	13	14
	진솔대안학교	5	3	8	8	24
	청주중고등성경학교	1	1	2	·	4
	한국기독사관학교	·	·	16	4	23
	한동국제학교	7	14	16	3	45
고 (11)	공동체비전고등학교	11	7	18	0	21
	달구벌고등학교	13	2	15	6	25
	광주동명고등학교	11	6	17	3	26

두레자연고등학교	9	5	14	8	23
벨국제학교	11	21	32	16	38
산마을고등학교	9	6	15	3	29
세인고등학교	8	9	17	2	27
지구촌고등학교	5	5	10	2	15
푸른꿈고등학교	6	3	9	3	12
풀무농업고등기술학교	7	6	13	10	17
한빛고등학교	13	4	17	11	30
계	240	285	549	307	868

그림1-7 정교사 수에 따른 기독교 대안학교 분포

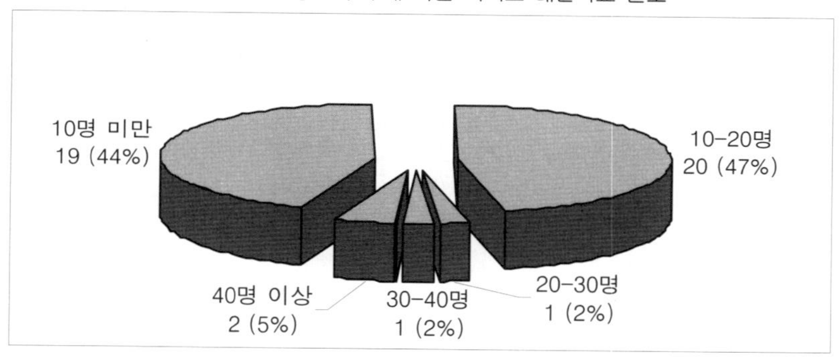

기독교 대안학교의 교사 수는 총 549명으로 학교당 평균 12.8명 정도이다. 교사 수에는 외부강사를 제외한 정교사만 포함하였다.

교사가 10명 미만인 학교가 19개로 전체의 절반에 가깝다. 외부강사는 총 307명으로 교사 1.8명에 강사 1명꼴이며, 외부강사의 숫자가 정교사의 숫자와 동일하거나 넘는 학교도 11개 학교(전체의 25%)나 된다. 외부강사의 비율이 높은 이유는 재정적인 취약함과 기독교 대안학교로서 특수교과목에 비중을 두기 때문으로 보인다. 기독교 대안학교의 전체 교직원수는 총 868명으로 교사 대비 직원 비율도 높은 편인 것으로 보여진다.

---

10) 전체 교직원은 행정직원을 비롯하여 기타 학교에 근무하는 정교사 및 정직원들을 모두 포함한 숫자이며, 외부강사는 포함되지 않는다.

표1-9 정교사 수에 따른 기독교 대안학교 분포

교사 수	학교명	학교 수	비율
10명 미만	광성드림학교/굼나제청소년학교/두레학교 두레자연중학교/들꽃청소년세상/등대국제학교 멋쟁이학교/미래지도자학교/삼광국제기독학교 성산효마을학교/아힘나평화학교/어린이학교 예뜨랑국제학교/진솔대안학교/천안대안학교 청주중고등성경학교/푸른꿈고등학교 하나인학교/한국기독국제학교	19	44%
10~20명	광주동명고등학교/공동체비전고등학교 늘푸른국제학교/달구벌고등학교 독수리기독중고등학교/두레자연고등학교 로고스기독학교/사사학교/산돌학교 산마을고등학교/샘물기독학교/세인고등학교 쉐마기독학교/여명학교/지구촌고등학교 풀무농업고등기술학교/한국국제크리스쳔스쿨 한국기독사관학교/한동국제학교/한빛고등학교	20	47%
20~30명	전인기독학교	1	2%
30~40명	벨국제학교	1	2%
40명 이상	꿈의학교/글로벌비전크리스쳔스쿨	2	5%
계		43	100%

4) 재정 편성 및 의존도

기부금

표1-10 기독교 대안학교의 기부금별 학교 분포

구 분	계
없음	32
300-500만원 미만	1
500-1000만원 미만	2
1000만원 이상	3
미응답	5
계	**43**

그림1-8 기독교 대안학교의 기부금별 학교 분포

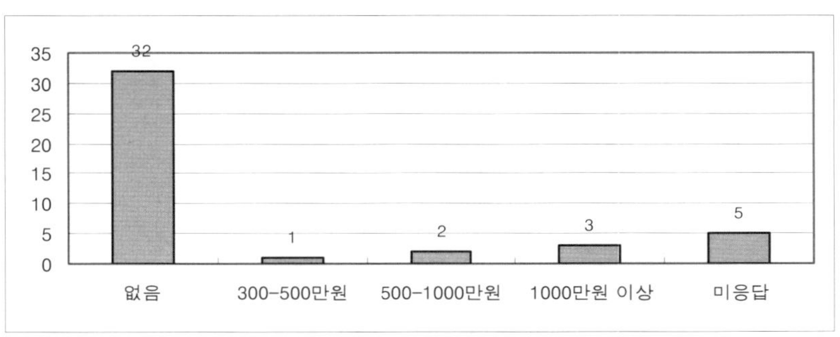

의탁금

표1-11 기독교 대안학교의 예탁금별 학교 분포

구분		계
없음		35
500-1000만원 미만		2
1000만원 이상		1
미응답		5
계		**43**

그림1-9 기독교 대안학교의 예탁금별 학교 분포

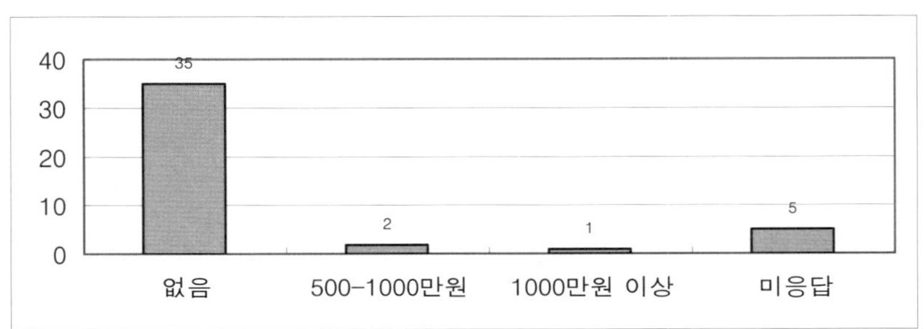

입학금

표1-12 기독교 대안학교의 입학금별 학교 분포

구분	계
없음	9
20만원 미만	9
20-50만원 미만	0
50-100만원 미만	5
100만원 이상	15
미응답	5
계	43

그림1-10 기독교 대안학교의 입학금별 학교 분포

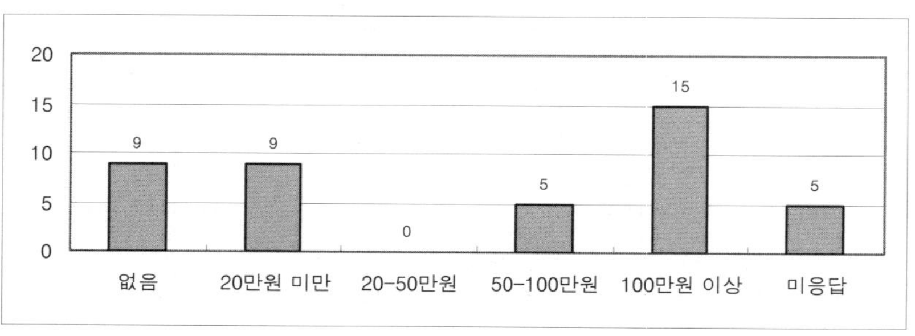

수업료 (매월)

표1-13 기독교 대안학교의 수업료별 학교 분포

구분	계
10만원 미만	7
10-30만원 미만	9
30-50만원 미만	12
50-100만원 미만	9
100만원 이상	2
미응답	4
계	43

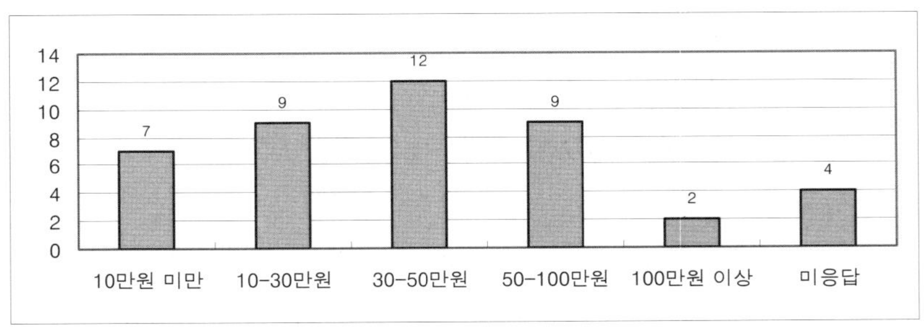

그림1-11 기독교 대안학교의 수업료별 학교 분포

기숙사비 (매월)

표1-14 기독교 대안학교의 기숙사비별 학교 분포

구분	계
30만원 미만	12
30-50만원 미만	10
50-100만원 미만	1
미응답	3
계	26

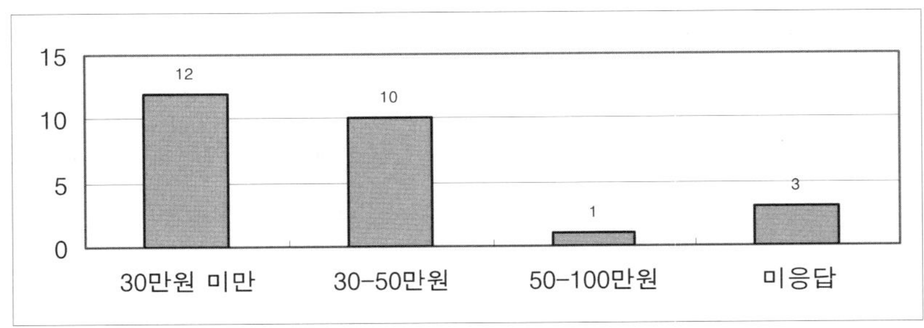

그림1-12 기독교 대안학교의 기숙사비별 학교 분포

　　기독교 대안학교들의 재정 운영에서 학부모에 대한 의존도를 파악하고자 했으나, 대부분의 학교가 응답하지 못해 분석에 어려움이 있었다. 정부로부터 재정을 지원받지 못하는 상황에서 학교를 세운 주체가 전입한 금액이 확보되지 않으면, 대부분의 학교재정은 학부모로부터 나오게 되어 학비가 지나치게 높아지게 된다.

　　기독교 대안학교 중 일부 학교는 학교 입학 시 기부금 혹은 예탁금을 받는다. 예탁금은 졸업 시 돌려준다는 점에서 기부금과 차이가 있지만, 기부금과 예탁금은 학교재원 확보에 유익하나 학부모에게는 경제적인 부담을 안겨줄 수 있다. 응답을 거부한 학교를 제외하고 총 38개 학교 중에서 8개의 학교가 기부금 또는 예탁금을 받는 것으로 나타났다.

　　학생들의 교육욕구를 수용하고 양질의 교육을 보장하려면 시설 및 교육과정 개발을 위한 투자가 있어야 한다. 대안학교를 운영하기 위해서는 공간 확보와 유지, 교사의 생계유지, 양질의 교육을 위한 시설과 기자재의 확보 등을 위한 많은 재원이 필요하다. 일반 학교는 정부지원으로 인하여 이러한 비용은 국민의 세금으로 충당되지만, 비인가학교들은 대부분 이를 자체적으로 확보해야 한다는 어려움이 있다. 학교들은 설립주체의 전입금을 비롯하여 교회나 기관, 단체, 개인의 지원을 받고 있는 경우가 많지만 아직까지 교육의 취지에 공감하는 학부모들의 부담으로 학교가 운영되는 경우가 대부분이다. 교회가 학교설립주체인 경우에는 학교건물을 교회가 임대해 주거나 직접 짓는 경우가 많고, 또 교회에서 꾸준한 재정지원을 할 수 있어, 학생 개인의 부담이 다소 감소하는 부분도 있음을 알 수 있다.

　　각 학교 학부모의 재정부담은 학교에 따라 편차를 보이고 있으며, 학교의 특성상 외국어를 고양시키는 교육과정을 가지는 국제학교의 경우에 좀 더 높은 비율의 재정적인 부담을 요구하고 있는 것으로 나타났다. 또 기본적으로 기타 특성화 교육과정 및 해외단기연수 등의 프로그램에 대해서는 각자 비용을 부담해야 하기 때문에 기독교 대안학교의 학부모들의 재정적인 부담은 증폭될 수 있다.

3. 학생 및 시설

1) 학생 수

표1-15 기독교 대안학교의 학생 수

구분	학교	학년별 학급 수	전체 학급 수	반별 정원	전체 학생 수
초 (7)	광성드림학교	1	5	15	81
	두레학교	1	7	15	105
	샘물기독학교	1	4	16	65
	어린이학교	1	6	5	28
	전인기독학교	1	6	20	104
	미래지도자학교	1	6	12	65
	하나인학교	1	6	8	26
초·중(1)	삼광국제기독학교	1	7	12	70
초·중·고 (7)	꿈의 학교(초등 6년부터)	3	21	12	230
	글로벌비전크리스천스쿨	4	28	15	430
	등대국제학교	1	6	8	40
	로고스기독학교	1	6	6	40
	예뜨랑국제학교	·	·	·	24
	한국국제크리스천스쿨	·	·	·	·
	한국기독국제학교	·	·	·	36
중 (3)	두레자연중학교	1	3	20	60
	천안대안학교	1	3	20	60

중·고 (14)	아힘나평화학교	1	2	12	24
	굼나제청소년학교	·	3	12	20
	늘푸른국제학교	·	·	·	65
	독수리기독중고등학교	2	8	12	85
	들꽃청소년세상	·	·	·	32
	멋쟁이학교	1	7	7	44
	사사학교	2	9	8	70
	산돌학교	1	3	20	59
	성산효마을학교	1	5	14	57
	쉐마기독학교	1	6	20	120
	여명학교	1	3	12	36
	진솔대안학교	1	6	15	70
	청주중고등성경학교	·	·	·	·
	한국기독사관학교	·	·	·	·
	한동국제학교	1	6	27	145
고 (11)	공동체비전고등학교	2	6	20	120
	달구벌고등학교	2	6	20	120
	광주동명고등학교	2	6	20	120
	두레자연고등학교	2	6	20	120
	벧국제학교	3	3	16	50
	산마을고등학교	1	3	20	47
	세인고등학교	3	8	20	160
	지구촌고등학교	1	3	30	59
	푸른꿈고등학교	1	2	25	72
	풀무농업고등기술학교	1	3	26	78
	한빛고등학교	3	6	26	159
계		평균 1.44		평균 16.3	3,396

학교별 학생 수

표1-16 학생 수에 따른 기독교 대안학교 분류

학생 수	학교명	학교 수
50명 미만	굼나제청소년학교/들꽃청소년세상/등대국제학교 로고스기독학교/멋쟁이학교/산마을고등학교 아힘나평화학교/어린이학교/여명학교 예뜨랑국제학교/하나인학교/ 한국기독국제학교	12
50~100명	광성드림학교/독수리기독중고등학교 두레자연중학교/미래지도자학교/벨국제학교 사사학교/산돌학교/삼광국제기독학교/샘물기독학교 성산효마을학교/지구촌고등학교/진솔대안학교 천안대안학교/푸른꿈고등학교/풀무농업고등기술학교 늘푸른국제학교	16
100~150명	공동체비전고등학교/광주동명고등학교 달구벌고등학교/두레자연고등학교/두레학교 쉐마기독학교/전인기독학교/한동국제학교	8
150~200명	세인고등학교/한빛고등학교	2
200명 이상	꿈의학교/글로벌비전크리스천스쿨	2
미응답	청주중고등성경학교/한국국제크리스천스쿨 한국기독사관학교	3
계		43

그림1-13 학생 수에 따른 기독교 대안학교 분포

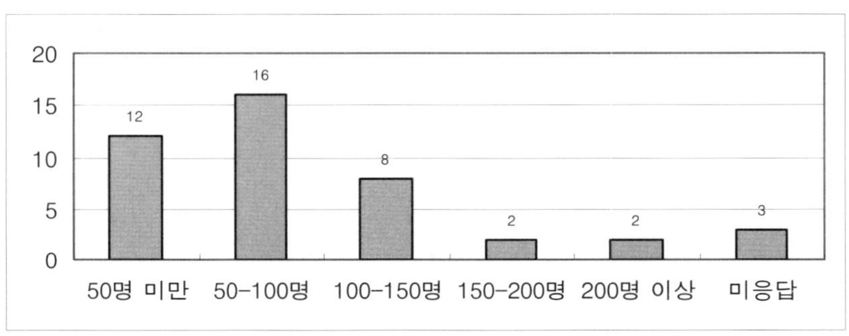

학급당 학생 수

표1-17 학급당 학생 수에 따른 기독교 대안학교 분류

학급당 학생 수	학교명		학교 수
10명 미만	등대국제학교/로고스기독학교/멋쟁이학교/사사학교 어린이학교/하나인학교		6
10~20명	광성드림학교/굼나제청소년학교/꿈의학교 글로벌비전크리스천스쿨/두레학교/미래지도자학교 벨국제학교/삼광국제기독학교/샘물기독학교 성산효마을학교/아힘나평화학교/여명학교/진솔대안학교		13
20~30명	공동체비전고등학교/광주동명고등학교/달구벌고등학 교독수리기독중고등학교/두레자연고등학교/ 두레자연중학교/산돌학교/산마을고등학교/세인고등학교/ 쉐마기독학교/전인기독학교/천안대안학교/ 푸른꿈고등학교/풀무농업고등기술학교/한동국제학교/ 한빛고등학교		16
30명 이상	지구촌고등학교		1
미응답	늘푸른국제학교/들꽃청소년세상/예뜨랑국제학교/ 청주중고등성경학교/한국국제크리스천스쿨/ 한국기독국제학교/한국기독사관학교		7
계			43

그림1-14 학급당 학생 수에 따른 기독교 대안학교 분포

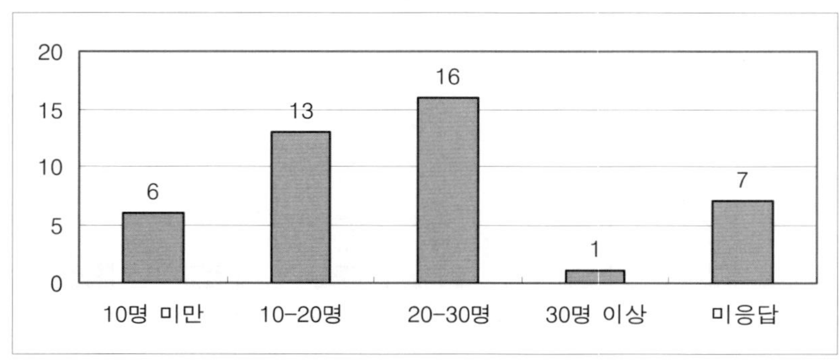

교원 1인당 학생 수

표1-18 기독교 대안학교의 교원 1인당 학생 수

구분	학교	전체학생 수	정교사 수	교원1인당 학생 수
초 (7)	광성드림학교	81	9	6.32
	두레학교	105	7	
	샘물기독학교	65	10	
	어린이학교	28	7	
	전인기독학교	104	26	
	미래지도자학교	65	8	
	하나인학교	26	8	
초,중(1)	삼광국제기독학교	70	8	8.75
초,중,고 (7)	꿈의학교(초등6년부터)	230	42	7.02
	글로벌비전크리스천스쿨	430	40	
	등대국제학교	40	9	
	로고스기독학교	40	10	
	예뜨랑국제학교	24	6	
	한국국제크리스천스쿨	·	(13)	
	한국기독국제학교	36	7	
중 (3)	두레자연중학교	60	8	8.00
	천안대안학교	60	4	
	아힘나평화학교	24	6	
중,고 (14)	굼나제청소년학교	20	6	6.37
	늘푸른국제학교	65	17	
	독수리기독중고등학교	85	19	
	들꽃청소년세상	32	4	
	멋쟁이학교	44	6	
	사사학교	70	13	
	산돌학교	59	12	
	성산효마을학교	57	5	
	쉐마기독학교	120	10	
	여명학교	36	10	
	진솔대안학교	70	8	
	청주중고등성경학교	·	(2)	
	한국기독사관학교	·	(16)	
	한동국제학교	145	16	

---

11) 교원 1인당 학생 수를 계산할 때, 정확한 계산을 위하여 학생 수가 확인되지 않은 학교의 교원 수는 제외하고 계산하였다.

고 (11)	공동체비전고등학교	120	18	6.24
	달구벌고등학교	120	15	
	광주동명고등학교	120	17	
	두레자연고등학교	120	14	
	벨국제학교	50	32	
	산마을고등학교	47	15	
	세인고등학교	160	17	
	지구촌고등학교	59	10	
	푸른꿈고등학교	72	9	
	풀무농업고등기술학교	78	13	
	한빛고등학교	159	17	
계		3,396	518 [11]	6.56

학생정원과 학생 수는 2006년까지의 통계이기 때문에 약간의 유동성이 있음을 미리 밝혀둔다. 전체 학생 수는 3,396명으로 3,000명이 넘었다.

대안학교는 일반 학교보다 훨씬 작은 규모로 이루어지고 그에 따라 학교별 학생 수는 그리 많지 않다. 전교생수가 200명을 넘어가는 학교가 전체 43개교 중 2개 학교뿐이다. 대개는 100명 안팎인 경우가 많다. 50명 미만인 학교도 12학교나 된다.

그림1-15 학교별 교원 1인당 학생 수 비교

교사:학생	기독교대안학교	초등학교(공교육)	중학교(공교육)	고등학교(공교육)
	6.56	24.0	19.4	15.1

대부분의 기독교 대안학교들은 1개 학년에 1개 학급으로 구성되며, 교사와 학생의 긴밀한 관계를 통한 흥미로운 학습 환경조성을 이유로 하여 각 학교에서 정한 학급정원은 평균 16.3명에 불과하다. 이러한 것이 대안학교의 한 특징으로 자리 잡고 있다.

재적학생 수를 교원 수로 나눈 교원 1인당 학생 수는 6.56명으로, 2006년 교육부가 발표한 교육통계연보에 나타난 초등학교 24.0명, 중학교 19.4명, 고등학교 15.1명에 비해 월등히 낮았다.

2) 학생선발 방법

표1-19 기독교 대안학교의 학생 선발

구분	학교	학생선발방법	서류면접	캠프	선발시험
초	광성드림학교	서류, 학생일일체험	○	○	
	두레학교	서류, 부모면접, 학생일일체험	○	○	
	샘물기독학교	서류, 면접, 입학 전 부모교육	○		
	어린이학교	학부모면담, (꾸러기학교 졸업생 우선순위)	○		
	전인기독학교	서류, 면접(임마누엘교회 교인 자녀 우선 입학)	○		
	미래지도자학교	서류, 면접	○		
	하나인학교	서류, 면접, 캠프, 학부모 면접	○	○	
초,중	삼광국제기독학교	서류, 면접	○		
초,중,고	꿈의학교	서류, 면접, 캠프	○	○	○
	글로벌비전크리스천스쿨	서류, 면접, 리더십 캠프, 가족캠프	○	○	
	등대국제학교	서류, 학력평가, 면접기독교인, 영어구사능력	○		○
	로고스기독학교	서류, 신입생선발캠프, 학부모면접	○	○	
	예뜨랑국제학교	서류, 예비학교	○	○	
	한국국제크리스천스쿨	서류, 면접, 선발고사	○		○
	한국기독국제학교	서류, 면접 혹은 실기, 기독교인, 영어구사능력	○		○

구분	학교명	선발방법			
중	두레자연중학교	서류, 면접, 자기소개서	○		
	천안대안학교	서류(위탁교육 신청 절차)	○		
	아힘나평화학교	서류, 면접	○		
중,고	굼나제청소년학교	서류, 면접	○		
	늘푸른국제학교	서류, 캠프, 면접, 수학능력검사	○	○	○
	독수리기독중고등학교	서류, 면접, 캠프, 학력평가	○	○	○
	들꽃청소년세상	상담, 가입학 생활 후 입학여부 결정	○	○	
	멋쟁이학교	학부모, 학생 면담	○		
	사사학교	서류, 면접, 캠프	○	○	
	산돌학교	서류, 면접, 학교체험	○	○	
	성산효마을학교	서류(위탁교육 신청 절차, 학교장 추천)	○		
	쉐마기독학교	서류, 면접	○		
	여명학교	서류, 면접 (탈북자 중심으로)	○		
	진솔대안학교	학부모면접, 예비학교	○	○	
	청주중고등성경학교	서류, 면접	○		
	한국기독사관학교	서류, 면접, 자격시험, 적성검사, 성격검사	○		○
	한동국제학교	서류, 면접, 시험	○		○
고	공동체비전고등학교	서류, 기초학력점검, 수련회, 면접	○	○	○
	달구벌고등학교	서류, 면접, 캠프	○	○	
	광주동명고등학교	서류, 면접, 기초학력점검	○	○	
	두레자연고등학교	서류, 면접, 논술	○		○
	벨국제학교	서류, 면접, 수학능력검사	○		○
	산마을고등학교	서류, 면접, 공동체생활, 인성검사	○	○	
	세인고등학교	서류, 면접	○		
	지구촌고등학교	성적, 구술과 면접, 논술	○		○
	푸른꿈고등학교	서류, 면접, 논술	○		○
	풀무농업기술고등학교	서류, 면접, 글쓰기	○		○
	한빛고등학교	서류, 면접	○		

학생선발은 주로 서류, 면접(부모, 학생)을 통하여 이루어지는 것으로 나타났다. 학생선발에 앞서 입학설명회를 개최하고 부모들에게 미리 기독교학교와 관련한 교육을 지속적으로 시행하는 학교들도 있으며, 입학자격에 학교설립교회의 출석교인 자격요건을 부가하거나, 출석교인 우선선발 원칙을 가지고 있는 학교들도 있었다.

캠프를 통해서 아이들을 살펴보거나, 시험을 보는 경우도 있다. 43개

학교 중에 단기캠프를 갖는 학교가 17개, 선발시험을 치루는 학교가 14개였고, 2가지 모두를 시행하는 학교도 4개가 있었다. 함께 공동체생활을 해야 하는 경우에는 입학사정조건에 공동체생활을 통한 점검과정도 포함하고 있는 학교들도 있고, 일부 국제학교에서는 영어구사능력을 함께 평가하거나, 유학을 지망하는 학생들을 선발하기도 한다.

또 특별한 대상을 선정하여 그 학생들만을 대상으로 하는 학교들도 있는데, 탈북 청소년과 선교사 자녀, 해외동포 청소년을 대상으로 하는 학교들도 있으며, 학교부적응 학생과 중도탈락 학생을 대상으로 한 학교들도 있다. 이 밖에도 학생선발 시기에 있어서 학기 중 수시로 모집하는 경우도 있다.

3) 학교형태

표1-20 기독교 대안학교의 시설 · 운영 형태

구분	학교	학교시설형태		운영형태		
		학교 건물	교회 건물	기숙형	비기숙형	혼합형 (일부기숙)
초	광성드림학교		○		○	
	두레학교	○			○	
	샘물기독학교		○		○	
	어린이학교		○		○	
	전인기독학교		○		○	
	미래지도자학교		○		○	
	하나인학교	○			○	
초,중	삼광국제기독학교		○		○	
초,중,고	꿈의학교	○		○		
	글로벌비전크리스쳔스쿨	○				○
	등대국제학교	○			○	
	로고스기독학교	○			○	
	예뜨랑국제학교	○		○		
	한국국제크리스쳔스쿨	○			○	
	한국기독국제학교	○			○	
중	두레자연중학교	○		○		

구분	학교명					
	천안대안학교		○		○	
	아힘나평화학교	○		○		
중,고	굼나제청소년학교	○				○
	늘푸른국제학교	○				○
	독수리기독중고등학교	○			○	
	들꽃청소년세상	○				○
	멋쟁이학교		○	○		
	사사학교	○		○		
	산돌학교	○		○		
	성산효마을학교	○			○	
	쉐마기독학교	○		○		
	여명학교	○			○	
	진솔대안학교	○		○		
	청주중고등성경학교		○		○	
	한국기독사관학교	○				○
	한동국제학교	○		○		
고	공동체비전고등학교	○		○		
	달구벌고등학교	○		○		
	광주동명고등학교	○				○
	두레자연고등학교	○		○		
	벨국제학교	○		○		
	산마을고등학교	○				○
	세인고등학교	○		○		
	지구촌고등학교	○		○		
	푸른꿈고등학교	○		○		
	풀무농업기술고등학교	○		○		
	한빛고등학교	○		○		
계		34	9	19	17	7

서울도심이 아닌 자연에 위치한 학교들은 대부분 기숙형태를 취하고 있으며, 학생들의 일부만 기숙을 하는 혼합형학교도 있다. 기숙사가 있는 학교가 전체 43개 학교 중에 26개로 절반이 넘는다(60.5%).

특성화고등학교를 포함하여 대부분의 학교들은 독립건물을 사용하고 있었다. 그러나 교회건물을 함께 사용하는 학교도 9개교로 전체 학교의 20.9%나 되었다. 교회가 세운 대안학교들, 특히 초등학교들은 대부분은 교회 건물을 함께 사용하고 있다. 학교 독립건물 중에는 폐교를 개조하여 사용하는 학교도 있으며, 재정적 여건으로 인하여 건물을 임대하여 사용하는 학교들도 있다.

4. 교사

1) 교사 선발기준

교사 선발의 기준으로 가장 많이 언급된 것은 "영성"과 "전문성"이었다. 이 2가지는 기독교학교의 교사로서 갖추어야 할 중요한 자질이라 할 수 있기 때문이다. 그러나 기독교 대안학교는 이에 대한 좀 더 명확한 기준을 가지고 있을 필요가 있다.

각 학교는 "영성"과 "전문성"에 대해서 다양한 표현을 사용하여 그 기준을 제시하였다. 똑같은 영성이라도 단지 "기독교인"이라고만 진술한 학교가 있는가 하면, "신앙, 신앙인, 영성, 바른 영성" 등으로 표현하기도 하고, 좀 더 높은 수준인 "영적 리더, 삶의 모델" 등의 표현을 사용하기도 하였다. 더 나아가 기독교 대안학교의 교사로서의 "사명의식"을 검증하는 경우도 있다. 전문성도 단순히 "교사자격증"이라고만 정한 학교가 있는가 하면, "전문성, 교과전문성"이라고 명시하기도 하였다. 국제학교들 중에는 "영어권 교포, 영어강의가능" 등으로 규정하기도 하였다.

"영성"과 "전문성" 외에는 "학교이념 동의" 여부와 "인성"이 그 다음 기준으로 많이 언급되고 있다.

2) 교사자격증유무

기독교 대안학교 교사는 '대안교육'과 '기독교교육'에 대한 깊은 이해가 있어야 한다. 그래서 교사자격증 자체가 교사의 자질을 증명해 주는 잣대가 될 수는 없지만, 기독교 대안학교의 교사들이 모두 '교사자격증'을 가지고 있지 않은 채 교육을 하고 있다든지, 자격증은 있으나 '해당교과 자격증'이 아니라면 아이들의 교육에 문제가 될 수 있다.

현재 우리나라에서 '중등교사 자격증'을 가진 교사는 수요보다 훨씬 많이 공급되고 있지만, '초등교사 자격증'의 경우에는 그 수요와 공급이 거의 일치한다. 그래서 '중등' 기독 대안학교의 경우, 해당 '교사자격증'을 가진 교사를 구하는 일이 그리 어렵지 않지만, '초등' 기독 대안학교의 경우에는 이것이 매우 어렵다. 초등 교사 자격증을 가진 교사가 일반 정규학교에서 더 나은 대우로 편안하게 일할 수 있는 가능성을 버리고, 대안학교 교사로 근무한다는 것은 결코 쉬운 선택이 아니다.12)

각 학교 교사의 구성을 확인한 결과, 아래 3가지 형태로 나누어 볼 수 있었다. 전원이 해당 교과목 자격증 소지자로 구성된 경우, 전원이 비해당 자격증 소지자로만 구성된 경우, 그리고 해당 교과목 자격증 소지자도 있고, 비해당 자격증 소지 교사와 자격증 미소지 교사가 같이 있는 학교 형태가 있었다.

중등학교의 상당수가 1번 형태의 학교이기 때문에 1번 형태의 학교가 20개로 가장 많았다. 그리고 2번 형태의 학교가 4개 있었고, 가장 많이 차지할 것이라고 예상했던 3번 형태의 학교는 13개교였다.

전체 549명의 교사 중 해당 자격증 소지 교사는 391명으로 전체 교사의 71.2%였고, 인가된 학교들의 경우를 제외하고 비인가학교들로 계산했을 때는 60.6%였다.

---

12) 물론 중등교사 자격증을 가지고 대안학교에서 근무하는 교사들 중에도 임용고시에 합격하면 바로 정규학교로 자리를 옮기는 경우가 많기 때문에, 중등에서도 비슷한 어려움을 겪고 있기는 하다.

표1-21 기독교 대안학교의 교사 구성에 따른 학교 유형 분류

형태	교사의 구성	교사 분류
1	①	
2	②	해당 자격증 소지 교사 ①
3	① +② ① +③ ① +② +③	비해당 자격증 소지 교사 ② 자격증 미소지 교사 ③

표1-22 기독교 대안학교의 학교 형태 구분과 해당자격증 소지 교사 수 비율

구분	학교	학교형태 구분[13]			미확인	정교사수	해당자격증 소지교사 수	비율
		1	2	3				
초	광성드림학교			○		9	7	
	두레학교	○				7	7	
	샘물기독학교			○		10	2	
	어린이학교[14]		○			7	0	
	전인기독학교	○				26	26	
	미래지도자학교			○		8	0	
	하나인학교		○			8	0	
초, 중	삼광국제기독학교			○		8	3	
초, 중, 고	꿈의학교(초등6년부터)			○		42	21	
	글로벌비전크리스천스쿨			○		40	21	
	등대국제학교		○			9	0	
	로고스기독학교			○		10	5	
	예뜨랑국제학교			○		6	1	
	한국국제크리스천스쿨				○	13	·	
	한국기독국제학교				○	7	·	
중	두레자연중학교	○				8	8	
	천안대안학교	○				4	4	
	아힘나평화학교			○		6	3	
중, 고	굼나제청소년학교	○				6	6	
	늘푸른국제학교				○	17	17	
	독수리기독중고등학교			○		19	16	
	들꽃청소년세상			○		4	1	
	멋쟁이학교		○			6	0	
	사사학교			○		13	9	
	산돌학교				○	12	10	

구분	학교	1	2	3	비자격			
	성산효마을학교	○				5	5	
	쉐마기독학교	○				10	10	
	여명학교	○				10	10	
	진솔대안학교	○				8	8	
	청주중고등성경학교				○	2	·	
	한국기독사관학교				○	16	·	
	한동국제학교	○				16	16	
고	공동체비전고등학교	○				18	18	
	달구벌고등학교			○		15	13	
	광주동명고등학교	○				17	17	
	두레자연고등학교	○				14	14	
	벨국제학교	○				32	32	
	산마을고등학교	○				15	15	
	세인고등학교	○				17	17	
	지구촌고등학교	○				10	10	
	푸른꿈고등학교	○				9	9	
	풀무농업고등기술학교	○				13	13	
	한빛고등학교	○				17	17	
계		20	4	14	6	549	391	71.2%
	비인가학교 계					396	240	60.6%

3) 교사준비교육 / 교사계속교육

표1-23 기독교 대안학교의 교사 준비 · 계속 교육

구분	학교	교사준비교육		교사계속교육	
		유무	기간 · 내용	유무	기간 · 내용
초	광성드림학교	○	• 2개월	○	• 매주 교육 (관련 도서 읽고 토론, 연구, 교과목 적용)
	두레학교	○	• 2개월 신규교사 연수과정	○	• 기독교사 연구과정 (학기당 8주 총 16주 실시)
	샘물기독학교	○	• 자체 교사 아카데미 (외부강사 초청)	○	• 3개월 / 주1~2회 (학기 수업준비, 성품교육, 과목별 이해교육 등)

---

13) 학교형태 구분 : 1. 전원 해당 자격, 2. 전원 비해당 자격, 3. 해당+비해당, 비자격

14) 사랑방교회에서 설립한 어린이학교와 멋쟁이학교의 교사는 전원 "중등학교 2급 정교사(종교교사)" 자격증을 가지고 있다.

구분	학교명				
	어린이학교	○	• 3~4개월 신입교사 교육	○	• 교사공동생활, 학교연합 전체 교사교육(꾸러기, 멋쟁이학교) • 주2~3회 교육
	전인기독학교	○	• 개학전 3개월 (외부강사 초청 강연, 학교시스템교육, 대안학교탐방 등)	○	• 주1회 자체 세미나 (기독교 세계관, 기독교적 가르침 관련 서적 발제 및 토론)
	미래지도자학교	X		○	• 자체 세미나
	하나인학교	○	• 3개월 수업연구	○	• 자체 세미나
초 중	삼광국제기독학교	X	• 교사 선발 후 바로 가르침	○	• 기대협 컨퍼런스 참석
	꿈의학교 (초등6년부터)	○	• 1주일	○	• 매주 1회 • 방학 중 연수 / DTS 등
	글로벌비전 크리스천스쿨	○	• 2주간 OT	○	• 매주 모임 • 연 2회 - 교사, 직원, 학부모가 함께하는 family camp
초 중 고	등대국제학교	○	• 영어교육	○	
	로고스기독학교	○		○	• 1주일 자체교육
	예뜨랑국제학교	○	• 외국어 교육	○	
	한국국제크리스천스쿨	·	·	·	·
	한국기독국제학교	·	·	·	·
	두레자연중학교	X		○	• 자체 세미나 • 방학 중 타교방문
중	천안대안학교	X		X	
	아힘나평화학교	○	• 1개월 세미나	○	• 자체세미나 • 연간 연구보고서 제출의무
	굼나제청소년학교	○		○	
	늘푸른국제학교	·	·	·	·
중 고	독수리기독중고등학교	○	• 오리엔테이션 (2박3일)	○	• 교사동계수련회(3박4일) • 교사모임
	들꽃청소년세상	X		X	
	멋쟁이학교	X		○	• 교사공동생활, 학교연합 전체 교사교육(꾸러기, 멋쟁이학교) • 교사양성교육과정 준비 중

	학교				
	사사학교	○	• 2박3일	○	• 2년에 1회 1주일 • 학기별 비정기교육
	산돌학교	○	• 준교사 임명 후 연수(1학기(6개월))	○	• 학기 중 격주로 한번씩
	서울크리스쳔 중고등학교	X			• 비정기적 비형식적 교육을 상황에 따라 실시
	성산효마을학교	X			• 연2회 방학 중 교육(2~5일) • 학기 중 1~2회 : 좋은 강의 있을 때
	쉐마기독학교	X		X	
	여명학교	X	• 단 2년 근무해야 전임교사가 됨	○	• 자체 세미나
	진솔대안학교	○	• 1년 연수	X	
	청주중고등성경학교	.	.	.	.
	한국기독사관학교				
	한동국제학교	X		○	• 학기별 연수
고	공동체비전고등학교	X		○	• 방학 중 연수
	달구벌고등학교	X		○	• 방학 중 연수 및 대안학교탐방
	광주동명고등학교	X		○	• 자체연수(수시)
	두레자연고등학교	X		X	
	벧국제학교	○	• 벧교사교육 (주말, 7주)	○	• 원동연 박사 (수시) 교육특강
	산마을고등학교	○	• 오리엔테이션 (6개월-1년)	X	• (교육청 연수 등에 참가)
	세인고등학교	X		X	
	지구촌고등학교	○	• 기독교사 세움터 (1학기)	○	• 자체 연수(격주)
	푸른꿈고등학교	X		○	• 자체 연수
	풀무농업 고등기술학교	X		○	• 자체 연수 (수업공개/교사 공부모임/타학교 방문 등)
	한빛고등학교	○	• 오리엔테이션 겸 자체연수(학교철학공유, 1박2일)	○	• 연2회 방학연수 (2박3일 or 3박4일) • 주1회 교사회의

교사교육의 중요성

기독교 대안학교에서의 교사의 자질은 앞에서 언급한 바와 같이 교사자격증으로 입증하기보다, '대안교육'과 '기독교교육'에 대한 전문성에 의해서 검증할 필요가 있다. 그러나 기독교 대안학교에서 교사를 선발하려고 할 때, 준비된 교사를 찾는 것은 그리 쉽지 않다. 그래서 몇몇 학교들은 학교에서 자체적으로 교사준비를 위한 교육과정15)을 만들고 그 프로그램을 수료하고 그 가운데 검증된 교사들을 선발하는 방식을 취하기도 하고, 교사 선발 후 수개월 혹은 1~2년까지 지켜보고 검증한 후 정식 교사로 선발하기도 하였다. 혹은 선발된 교사의 직전교육과 계속교육을 통해서 교사의 자질을 향상시켜 나가기도 한다.

기독교 대안교육을 깊이 이해하고 거기에 적합한 심성과 기능, 지적 능력을 겸비한 교사를 확보하는 것은 기독교 대안학교 활성화의 가장 중요한 전제조건이다. 분명한 성경적 세계관을 가지고 교실에서 학생들에게 기독교인으로서 살아있는 모델이 되어야 하기 때문에 각 기독교 대안학교에서는 교사를 선발하고 훈련하는 데 많은 노력을 기울이고 있다.

교사준비교육과 교사계속교육에 대한 각 학교의 답변을 분석한 결과, 교사교육을 하고 있는지 아닌지에 대한 답변이 매우 주관적이라는 사실을 알 수 있었다. 답변한 사람의 주관에 따라 매주 모이는 교사회의나 예배를 교사계속교육이라고 응답한 학교가 있는가 하면 동일한 프로그램을 가지고 있으면서도 학교에 교사계속교육이 없다고 답변한 학교도 있었다. 그러므로 표에 제시된 교사교육 유무는 별로 중요한 분석 자료가 되지 못했다.

주목할 점은 상당수의 학교가 2박3일의 오리엔테이션 정도를 교사준비

---

15) 지구촌고등학교의 '기독교사세움터', 두레학교의 '두레기독교사연구과정', 샘물학교의 '샘물 기독교사 아카데미' 등과 같은 프로그램들이 여러 학교에 존재한다.

교육으로 여기고, 수시로 열리는 세미나, 주1회 교사모임, 방학 중 1회 수련회 정도를 교사계속교육으로 여긴다는 점이다.

좀 더 체계적인 교육과정과 시간과 재원을 확보하여 학교교육목표에 대한 일치된 마음과 팀 의식을 공유시키는 교사준비교육이 필요하다. 또한 정기적인 자체 교사계속교육 뿐만 아니라, 타 기독교 대안학교 교사들과 함께 하는 학교연합과 네트워크도 요구된다. 아울러 성경적 세계관 형성과 기독교적 가르침에 대한 전문성 함양을 동시에 꾀할 수 있는 예비교사 양성 기관의 설립을 적극적으로 시도해야 할 것이다.

교원복지

설문지에서 교원복지에 관련된 부분은 거의 대부분의 학교가 대외비를 요구하였기에 결과를 얻지 못해 통계로 처리하지 못했다. 대안학교의 취약한 재정적 현실을 그대로 반영하는 부분이 많으므로 대부분의 학교에서 공식적으로 알리기를 꺼려 질문지 항목 중 응답이 없는 문항들이 상당수였다. 본 연구에서 이 부분을 자세히 정리하지 못한 점은 아쉬움으로 남는다.

5. 교육과정

1) 교과서 사용

국정 교과서를 사용한다면 국가에서 제시한 7차 교육과정을 따른다고 볼 수 있을 것이다. 그러나 대부분의 기독교 대안학교는 교과별로 국정교과서, 외국교과서, 그리고 학교가 자체 제작한 교재를 혼용하고 있고, 여기에 과목별로 편차가 크게 나타난다.

구분	학교	계	비율
국정교과서사용	공동체비전고등학교/달구벌고등학교 광주동명고등학교/두레자연고등학교 두레자연중학교/산마을고등학교 풀무농업기술고등학교/한빛고등학교	8	19%
외국교과서 사용 (그대로 혹은 번역)	글로벌비전크리스천스쿨/늘푸른국제학교 등대국제학교/벨국제학교/삼광국제크리스천스쿨 예뜨랑국제학교/한국국제크리스천스쿨 한국기독국제학교/한동국제학교	9	21%
교과별로 다르다 (학교 자체 제작 포함)	광성드림학교/꿈의학교/굼나제청소년학교 독수리기독중고등학교/두레학교/들꽃청소년세상 로고스기독학교/미래지도자학교/멋쟁이학교 사사학교/산돌학교/샘물학교/성산효마을학교 세인고등학교/쉐마기독학교/아힘나평화학교 어린이학교/여명학교/전인기독학교/지구촌고등학교 진솔대안학교/천안대안학교/청주중고등성경학교 푸른꿈고등학교/하나인학교/한국기독사관학교	26	60%
계		43	100%

그림1-16 교과서 사용에 따른 기독교 대안학교 분포

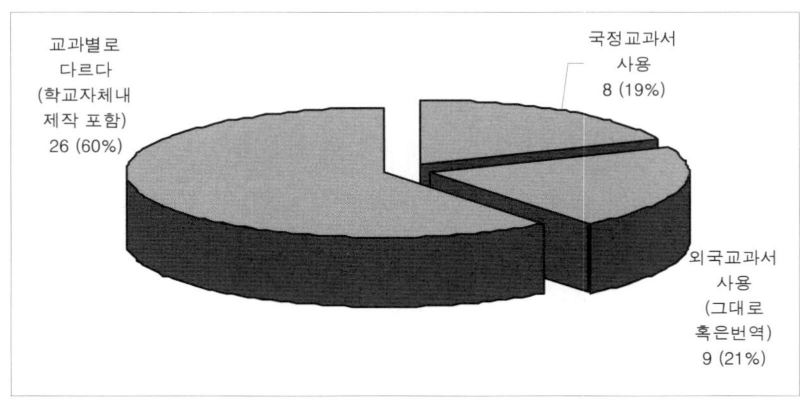

국제학교들은 외국어교육과정을 위하여 교육과정을 전문화해서 운영하

고 있으며, 외국교과서를 그대로 혹은 번역하여 사용하고 있다. 대부분의 기독교 대안학교는 통합교과과정을 지향하고 있으며, 성경의 보편적인 원리들을 모든 교과에 적용하려는 시도를 보이고 있다. 학교들은 연중 방학 프로그램으로 아웃리치 프로그램, 해외학교 순방 등을 비롯한 외부행사를 편성하기도 하였다.

한국의 교육현실에서 중등교육이 상급학교 진학이나 직업선택과의 연관성이 높은 만큼 중·고등학교제로 운영되는 대부분의 기독교 대안학교들은 일정 정도 제도교육과 상보성을 갖는다고 볼 수 있다.

다양한 문화 활동을 중요한 교육프로그램으로 구성하여 궁극적으로는 감성 및 사회성 계발을 통한 자기정체 확립을 의도하는 것으로 볼 수 있다. 일부 정규학교와 공동체학교의 경우에는 기독교 세계관에 입각한 가치관교육을 위해 지식, 감성, 의식주영역을 통합하는 교육과정을 운영한다. 따라서 고전적인 교과(국어, 영어, 수학, 과학, 사회 등)와 감성 교과 및 의식주 해결을 위한 각종 노작 교과 등이 동등하게 중시된다.

기독교 대안학교의 대전제인 '기독교적인 전인 육성'이라는 관점에서 볼 때, 이 같은 통합교육과정 운영은 설득력을 가지게 된다. 일부 학교에서는 학교 부적응 학생들의 자기 진로 선택을 돕기 위해 직업교육을 체계화하고 있는 곳도 있다. 직업교육과 병행하여 학교 부적응 학생들의 사회적응 능력을 신장시키기 위해 치료, 교정프로그램도 운영하고 있다. 이렇게 볼 때, 기독교 대안학교의 교육내용은 학교별로 다양하지만, 공통적으로는 전통적인 교과교육과 문화체험과 일상체험을 통해 교육을 적절하게 결합시키고 있다고 할 수 있다.

2) 교육과정

일반 학교들처럼 기독교 대안학교들도 각 학교의 교육목적과 교육목표를 달성하는데 필요한 방향으로 교육과정을 편성한다. 그러나 학교별로 일반 초·중등학교의 교과과정과는 달리 기독교 대안학교의 설립정신과 비전, 교육목적과 목표에 따라 특색 있는 교육과정을 가지고 있음을 알 수 있었다. 따라서 교과서 선정이나 교과시수 배정도 학교마다 특색이 있으며, 또한 학교 내에서도 과목에 따라 다른 모습을 드러내고 있었다.

국제학교를 비롯한 몇몇의 대안학교에서는 모든 교과목에서 외국학교 교재를 그대로 사용하는 경우와 번역하여 사용하는 경우로 나누어 볼 수 있다. 이와 더불어 학교 자체 내에서 교사들의 연구로 교재가 자체 제작되어 사용되는 경우도 있다. 미인가학교들이 많은 관계로 상급학교 진학을 위해서는 대부분 검정고시 준비를 따로 해야 하기에 이를 위한 별도의 교육과정이 편성되어 있다는 특징도 나타난다. 학생 개개인의 특성을 존중해 주는 수준별 학습, 인성·적성 교육과정, 예술 등을 통한 감성 교육과정 등이 통합적인 형태로 나타나고 있다.

교과목에서는 성경과 영어가 대부분 많은 비중을 차지하는 특성이 있었다. 또한 제7차 교육과정을 바탕으로 하되 각 교과목을 기독교적으로 해석하여 교육과정을 편성하고, 필수교육과정과 선택교육과정으로 나누어 학생의 자율적인 과목선택권을 보장하는 경우도 있었다. 특별히 부적응 학생들을 대상으로 하는 기독교 대안학교에서는 기독교적인 세계관에 입각한 특수프로그램을 진행하는 교육과정을 구성하고 있음을 볼 수 있었다.

각 학교의 교육과정을 주요 특성별로 분류하면 다음과 같다.

기독교적 영성과 인성을 계발하는 교육과정으로 편성된 학교

공동체비전고등학교/광성드림학교/광주동명고등학교
글로벌비전크리스천스쿨/꿈의학교/독수리기독중고등학교/두레학교
등대국제학교/멋쟁이학교/사사학교/산돌학교/산마을고등학교
삼광국제기독학교/쉐마기독학교/어린이학교/전인기독학교/진솔대안학교
청주중고등성경학교/하나인학교

이는 학교의 교육목적과 목표에 부합하는 교육과정을 편성한 것으로서
주로 채플, 성경수업, 신앙수련회를 통하여 이루어진다.

해외연수 프로그램을 포함한 세계화를 향한 교육과정

광성드림학교/광주동명고등학교/꿈의학교/독수리기독중고등학교
두레학교/두레자연중학교/등대국제학교/세인고등학교/쉐마기독학교
전인기독학교

해외어학연수, 여름방학을 이용한 영어캠프, 배낭여행과 테마 학습 등의
형태로 세계 각 나라를 탐방하는 교육과정으로 이루어진다. 해외 이동수업
등을 통하여 기독교 문화권을 체험하며 글로벌시대에 필요한 국제적 인재
로써의 양성을 목적으로 이루어지기도 한다.

체험훈련이나 현장학습

광성드림학교/광주동명고등학교/굼나제청소년학교/꿈의학교
늘푸른국제학교/달구벌고등학교/독수리기독중고등학교/두레학교
두레자연중학교/두레자연고등학교/로고스기독학교/멋쟁이학교
성산효마을학교/세인고등학교/어린이학교/여명학교/전인기독학교
진솔대안학교/천안대안학교/예뜨랑아카데미/한국기독사관학교
한빛고등학교

국내의 국토순례, 유적답사, 박물관 견학체험교실, 병영체험, 재해 복구

현장 등으로 특색 있는 교육현장을 탐방하여 직접 체험하는 교육과정을 포함하고 있는 경우이다. 문화적 접근의 형태로도 많이 나타나며, 체험훈련이나 현장학습과 해외연수교육, 혹은 단기선교훈련과 연계하여 시행하는 학교들도 있다.

공동체성 함양

공동체비전고등학교/굼나제청소년학교/꿈의학교/글로벌비전크리스천스쿨
달구벌고등학교/두레학교/두레자연중학교/들꽃청소년세상
멋쟁이학교/어린이학교/진솔대안학교/청주중고등성경학교
풀무농업고등기술학교/한국기독사관학교/한빛고등학교

기숙형 학교는 거의 대부분이 공동체성 함양을 목적으로 하고 있다고 보아도 무리가 없을 것이다. 위의 목록은 특별히 교육과정 속에 구체적으로 공동체성 함양을 의미하는 교육과정이 명시적으로 포함되어 있는 학교들이다.

자연 환경 교육

공동체비전고등학교/멋쟁이학교/산돌학교/산마을고등학교/어린이학교
진솔대안학교/푸른꿈고등학교/풀무농업고등기술학교/하나인학교
한빛고등학교

손과 발로 직접 자연 속에서 생태계의 현상을 체험하고 생명의 소중함을 체험하는 노작교육을 통하여 생태자연환경과 생명교육이 이루어지는 학교들이 많다. 이는 공동체성을 함양하는데 도움이 될 뿐만 아니라 체험교육이 되기도 한다.

학부모교육 참여

학부모교육 과정을 두거나 학부모를 교육주체자로 두는 교육과정을 구

> 광성드림학교/달구벌고등학교/독수리기독중고등학교/두레학교
> 삼광기독국제학교/전인기독학교/하나인학교

성하는 경우이며, 이는 또한 가정교육과 연계하는 교육과정이라고 할 수
있다. 학부모와 함께 교과과정을 협의하기도 하고 학부모와 함께 예배를
드림으로써 기독교 영성을 함양하는 교육과정을 실현하기도 한다.

성경교과 강조

> 굼나제청소년학교/꿈의학교/글로벌비전크리스찬스쿨/늘푸른국제학교
> 독수리기독중고등학교/로고스기독학교/벨국제학교/샘물학교
> 청주중고등성경학교/풀무농업고등기술학교/한국국제크리스천스쿨
> 한국기독국제학교/한동국제학교

성경을 교과목으로 채택한 학교들이다. 성경을 교과목으로 하지 않더라
도 성경 읽기 등을 통하여 체계적인 성경교육을 시행하는 학교도 있다.

사회봉사활동 강조

> 늘푸른국제학교/달구벌고등학교/두레자연중학교/두레자연고등학교
> 벨국제학교/산마을고등학교/천안대안학교/한국기독사관학교
> 한빛고등학교

사회봉사활동을 교육과정에 포함시키고 있는 학교들 안에는 특성화고등
학교들이 많이 있음을 알 수 있다.

이외에도 학교의 특성에 따라, 절기교육이나 예배(채플), 외국어(제2외
국어 포함), 독서논술 등을 강조한 학교들도 있으며, 지역사회와의 연계성

을 고려한 교육과정과 홈스쿨링 교재를 사용하는 학교도 있었다. 또한 체력관리를 위해 재학생 전원이 건강과 인내력, 집중력과 자신감을 향상시키는 태권도를 특기과목으로 이수하도록 하는 학교들도 있었으며, 체육 활동을 권장하는 교육과정을 가진 학교들이 많았다.

특성화중·고등학교

특성화중·고등학교는 국민공통기본교과를 기초로, 특성화 교과목을 배치하는 교육과정을 편성하고 있다. 이들 학교는 창의적 재량활동과 특별활동, 봉사활동 등을 통하여 기독교 정신에 입각한 교육이 이루어지도록 하고 있다.

이러한 학교들은 국민공통기본교과를 통하여 학생들의 기초적인 지적능력을 배양하고, 특성화교과목과 재량 활동을 중심으로 학생의 인성과 감성을 계발하며 학생들의 적성과 흥미에 맞는 진로를 탐색하는 기회를 제공하고 있다. 달구벌고등학교의 경우에는 교과목편성을 자율적으로 운용하여 개인별 맞춤식 시간표가 가능하며, 또한 무학년 교육과정을 통한 수준별 수업과 졸업인증제가 이루어지고 있음을 볼 수 있었다.

국제학교

국제학교들은 영어능력을 향상시키는 교육과정을 공통적으로 갖추어 세계화·국제화시대를 대비하고자 하고 있다. 국제학교들은 학생들의 해외유학을 목적으로 영어회화 과목을 심화선택과목으로 두거나, 미국학교의 정규과목들을 영어로 학습하여 글로벌 경쟁력과 리더십을 갖추도록 하는 교육과정을 편성하고 있다. 전일 수업을 영어로 진행하기도 하며, 효율적이고 능률적인 외국어 수업을 위하여 원어민교사(native speaker)를 많이 두고 있는 학교도 있다. 이는 기독교 대안학교들의 많은 경우가 시행하고 있는 교육방법이기도 하다. 미국 대학 진학을 전제로 하여 학생을 선발하고 유학준비단계에 따라 교육과정이 편성된 학교사례도 있었다. 그렇지만 한국인의 정체성과 관련된 국어와 국사와 같은 교과는 한국인교사와 교재로 수업을 진행한다.

또 다른 학교들

특별히 세인고등학교와 벨국제학교는 심력, 지력, 체력, 자기관리, 인간관계로 이루어지는 5차원 전면교육과정을 채택하고 있음도 눈여겨볼 수 있다.

학교이름에서 이미 특성을 나타내는 학교도 있다. 성산효마을학교가 바로 그 경우인데 이 학교에서는 기존의 7차 교육과정을 융통성 있게 대안교과과정과 조절하면서 효 사상을 강조하는 교육과정이 집중적으로 구성되어 있음을 볼 수 있다. 이 밖에도 동아리활동, 예절교육, 평화교육, 통일교육, 장애아 통합교육 등을 시도하는 학교들도 있으며, 대학교의 수시전형 대상 학교로 선정되어 학생들에게 보다 넓은 진학의 기회를 열어주는 학교들도 점점 증가하는 추세에 있다.

기독교 대안학교의 교육과정은 변화의 가능성을 안고 있다. 대안학교 입법화와 시행령에 따라 미인가가 대부분이었던 기독교 대안학교들이 인가학교로의 변화를 꾀한다면, 이러한 학교들의 교육과정 안에서도 많은 변화가 생겨나게 될 것이다.

2장
기독교 대안학교 둘러보기

기독교 대안학교 실태조사는
기독교 대안학교를 대상으로 실시한
설문조사를 기초로 이루어졌다.
2006년 7월에 연구원들의 공동연구 작업으로
기독교 대안학교 실태조사를 위한 설문지를 작성하고
조사 대상 학교를 선정하였다.

기독교 대안학교를 둘러볼 때, 알아두기

1. 43개의 기독교 대안학교를 5개의 지역별로 분류하였습니다.

　Ⅰ. 서울　Ⅱ. 경기　Ⅲ. 충청　Ⅳ. 전라　Ⅴ. 경상

2. 각각 지역의 학교를 초 · 중 · 고 , 가나다순으로 정리해 놓았습니다. 단, 두 학교가 통합되어 있는 경우, 하위 학교를 기준으로 배열했습니다. 에를 들어 초등학교과 중학교가 통합된 학교인 경우 초등학교 순서에 배치해 놓았습니다.

3. 학교의 특징들을 간단한 아이콘으로 설명해 놓았습니다.

학제		
초	중	고
초	**중**	**고**

법제	
인가	비인가
○	●

기숙사	
기숙	혼합
기숙	혼합

설립주체		
개인	교회	단체(기관, 법인)
PE	CH	CO

Ⅰ. 서울	1. 미래지도자학교 visionaca.org 　서울시 관악구/ 02-889-3133 2. 전인기독학교 junines.org 　서울시 송파구 방이동 임마누엘 교회/ 02-2202-3767 3. 여명학교 ymschool.org 　서울시 관악구 봉천동/ 02-888-1673
Ⅱ. 경기	4. 광성드림학교 ksdream.net 　경기도 고양시 일산 서구 덕이동/ 031-929-3385 5. 두레학교 dooraeschool.net 　경기도 구리시 교문동/ 031-552-8298 6. 샘물기독학교 smcs.or.kr 　성남시 분당구 정자동/ 031-715-1092 7. 어린이학교 sarangbang.org 　경기도 포천시 소흘읍 무림리 348/ 031-544-1615 8. 하나인학교 hanain.net 　경기도 파주시 헤이리/ 031-922-7910 9. 삼광국제기독학교 bcsamkwang.org 　경기도 부천시 원미구 상동/ 032-321-6483 10. 등대국제학교 lcs.or.kr 　경기도 고양시 덕양구 화정2동/ 031-971-2732 11. 로고스 기독학교 logosca.com 　경기도 고양시 일산구 풍동/ 031-904-0513 12. 한국국제크리스천스쿨 christianschool.or.kr 　경기도 부천시 소사구 송내동/ 032-668-2213 13. 한국기독국제학교 ilsancs.com 　경기도 고양시 일산동구 정발산동/ 031-913-9105 14. 두레자연중학교 doorae.ms.kr 　경기도 화성군 우정읍 화산7리/ 031-358-8773/ 특성화중학교 15. 아힘나 평화학교 ahimna.net/school 　경기도 안성시/ 031-674-9130 16. 독수리 기독중고등학교 eagleschool.net 　경기도 성남시 분당구 분당동/ 031-789-2400

Ⅱ. **경기**	17. 들꽃청소년세상 wahaha.or.kr 　경기도 안산시 단원구 와동/ 031-486-8836, 8 18. 멋쟁이학교 sarangbang.org 　경기도 포천시 소흘읍 무림리 348/ 031-544-1615 19. 산돌학교 sundol.or.kr 　경기도 남양주시 수동면 운수리 357/ 031-511-3295 20. 성산효마을학교 hyohs.or.kr 　인천광역시 남동구 간석동/ 032-421-4526/ 위탁형 대안학교 21. 쉐마기독학교 ishema.org 　경기도 양주시 은현면 용암리 861 / 031-858-3144 22. 한국기독사관학교 ko-ca.org 　인천광역시 남동구 구월동/ 032-434-9662 23. 두레자연고등학교 doorae.hs.kr 　경기도 화성군 우정읍 화산7리/ 031-358-8776/ 특성화고등학교 24. 산마을 고등학교 sanmaeul.org 　인천시 강화군 양사면 교산1리/ 032-932-0191/ 특성화고등학교
Ⅲ. **충청**	25. 글로벌 비전 크리스천 스쿨 gemgvcs.org 　충북 음성군 원남면 금곡리/ 043-871-7000 26. 꿈의 학교 dreamschool.or.kr 　충남 서산시 대산읍 영탑리/ 041-681-3411 27. 천안대안학교 school1388.com 　충남 천안시/ 041-578-1388 / 위탁형대안학교 28. 늘푸른 국제학교 egis.or.kr 　충북 청원군 미원면 운암리/ 043-222-9119 29. 사사학교 sasaleader.org 　충남 금산군 남일면 신정리/ 041-751-4491 30. 청주 중고등성경학교 cafe.daum.net/cj1318school 　청주시 흥덕구 사창동 302-5, 3층/ 043-263-9125 31. 공동체비전고등학교 vision.hs.kr 　충남 서천군 태월리/ 041-953-6292/ 특성화고등학교 32. 벨국제학교 bellschool.or.kr 　충남 논산시 대덕면/ 041-733-6514, 5 33. 풀무농업고등기술학교 poolmoo.or.kr 　충남 홍성군 홍동면 팔괘리/ 041-633-3021 / 고등기술학교

IV. **전라**	34. 예뜨랑 국제학교 yettrang.org 　전남 무안군 삼향면 왕산리 금동/ 061-281-4052 35. 굼나제 청소년학교 goomnaje.com 　전주시 덕진구 여의동/ 063-211-1318 36. 진솔대안학교 user.chollian.net/~jeansol 　전북 진안군 주천면 대불리/ 063-432-6890 37. 광주 동명고등학교 kdm.hs.kr 　광주시 광산구 서봉동/ 062-943-2855/ 특성화고등학교 38. 세인고등학교 seine.hs.kr 　전북 완주군 화산면 운산리/ 063-261-0077/ 특성화고등학교 39. 푸른꿈고등학교 purunkum.hs.kr/ 특성화고등학교 　전북 무주군 안성면 진도리 865/ 063-323-2058 40. 한빛고등학교 hanbitschool.net 　전남 담양군 대전면 행성리/ 061-383-8340/ 특성화고등학교
V. **경상**	41. 지구촌 고등학교 glovillhigh.org 　부산시 연제구 거제1동/ 051-505-8656/ 특성화고등학교 42. 한동국제학교 his.handong.edu 　경북 포항시 북구 흥해읍 남송리/ 054-260-1733 43. 달구벌 고등학교 dalgus.net 　대구시 동구 덕곡동 75-5/ 053-981-1318/ 특성화고등학교

Ⅰ. 서울

1. 미래지도자학교 – 초 CH

www.visionaca.org 서울시 관악구

02-889-3133

학생 수	정교사	공간의 특징
65	8	교회건물

설립취지 및 교육목표

다음 세대의 예비 지도자들로 하여금 하나님께서 부어주시는 비전을 따라 꿈꾸게 하고, 도전하게 하며, 기쁨을 누리게 하는, 가정과 교회와 학교가 통합된 교육 공동체를 이루어서, 도시와 나라, 그리고 민족들을 하나님의 진리의 터 위에 세우는 것입니다.

교육과정

<table>
<tr><td rowspan="10">과
목</td><td rowspan="5">국
어</td><td>– 자신감 있고 정확한 발음 구사력, 표현력, 암기력, 정서력 증진</td></tr>
<tr><td>– 정보처리능력, 판단력, 결단력 증진</td></tr>
<tr><td>– 이해력을 바탕으로 한 창의력 계발</td></tr>
<tr><td>– 협동학습을 통한 협동력, 관계능력 증진</td></tr>
<tr><td>– 어휘력, 창의력, 표현력, 도서력, 한문 교육</td></tr>
<tr><td rowspan="5">수
학</td><td>– 기본 개념의 정확한 이해 및 기초 산술력의 증진</td></tr>
<tr><td>– 각 요소간의 관계 짓기를 통한 분석 능력 증진</td></tr>
<tr><td>– 수, 도형, 기타 현상 속에 내포되어 있는 규칙성 탐구를 통한 탐구력, 논리력, 문제해결력 증진</td></tr>
<tr><td>– 제시된 문제의 수식화 훈련을 통한 논리력과 수학적 창의력 증진</td></tr>
<tr><td>– 수학에 대한 흥미와 관심을 통해 수학적 지식과 기능을 활용하여</td></tr>
</table>

영어	생활 주변에서 일어나는 여러 가지 문제를 합리적 해결 태도 증진
	- 제7차 교육과정으로 교육
영 어	- Native Speaker의 시청각 지도에 의한 정확한 발음의 구사
	- 나선형 교육과정에 의한 필수 표현 구문의 자유로운 구사
	- 다양한 학습활동을 통한 학습 흥미 유발 및 실제 상황에의 적용
	- 국제 언어의 자유로운 구사를 통한 세계적인 안목의 배양
	- 미국초등학교 교과서 사용
예 능	- 절대 음감 익히기 및 청음 향상
	- 신체 조절 능력 증진 및 지구력 증진
	- 감성과 이성의 질서와 조화를 이루는 능력 증진
	- 잠재된 음악적 재능의 발굴 및 계발
	- 수시 이론 평가 및 발표회 개최
	- 피아노, 바이올린 교육

입학안내

- 입학방법: 입학원서 및 서류 제출, 학부모 상담

2. 전인기독학교 – 초 CH

www.imc.or.kr/junin1 서울시 송파구 방이동 임마누엘 교회
02-2202-3767

학생 수	정교사	공간의 특징
104	26	교회건물

설립취지 및 교육목표

인본주의와 무신론에 바탕을 둔 현 교육의 문제와 한계를 안타깝게 여긴 임마누엘 교회는 예수 그리스도가 학교교육의 중심이 되시고, 이를 교과과정 전반에 반영한 기독교 학교교육을 통해 능력 있는 크리스천을 양성하여, 한국을 의롭고 하나님을 경외하는 국가로 변화시키려는 분명한 소명 의식을 갖고 전인학교를 설립하고자 합니다.

교육목표

능력 있는 그리스도인 양육
실천하는 지성인 육성
민족의 지도자 배출
세계적인 인물 배양

교육과정

특징	- 성경에 바탕을 둔 신앙교육 - 기독교적 시각으로 가르치는 일반 교과과정 - 건강과 예능계발을 돕는 교육

과목			
	– 영성-인성-지성을 균형 있게 조화시키는 전인교육 – 스스로 참여하는 생동감 넘치는 교육 – 해외연수를 통한 어학실력과 견문을 넓힘 – 학부모가 기독교교육을 이해하고 학교의 후원자로서 역할		
	신앙교육	3과목	성경통독, 예배, 합창(찬양)
	일반교과	11과목	국어, 영어, 수학, 사회, 과학, 음악(악기), 미술, 컴퓨터, 독서, 체육, 예절봉사
	특기적정	3과목	태권도, 수영, 무용
	기타학습	3과목	현장학습(학기 2회) 달란트 발표회(2학기말) 해외연수(년1회)

입학안내

– 입학방법: 입학원서 및 서류 제출, 면접

– 입학자격:

  1) 임마누엘교회 교육자녀

  2) 부모교육 수료자

  3) 담당교역자 추천서 소지자

3. 여명학교 - 중 고 CH

www.ymschool.org 서울시 관악구 봉천동

02-888-1673

학생 수	정교사	공간의 특징
36	10	학교건물

설립취지 및 교육목표

탈북 후 한국 내 정규학교에 적응하지 못하고, 연령 및 기타 문화적 차이로 학업과 진로에 어려움을 겪는 새터민(탈북) 청소년들을 위한 신앙 회복과 문화적응, 지식 습득의 기회를 제공하는 것을 목적으로 하는 기독교 교육 공동체입니다.

새터민(탈북) 청소년들이 남한에서 하나님 안에서의 정체성을 회복한 행복하고 건강한 시민으로 살도록 교육할 뿐 아니라 통일 이후 배운 지식과 신앙을 토대로 북한의 형제들에게 선한 일을 도모할 수 있는 훌륭한 일꾼으로 교육하는 것을 그 목적으로 합니다.

교육목표

하나님을 경외하고 사람을 사랑하며 민족을 하나로…
- 하나님을 경외하는 사람
- 사람을 사랑하는 사람
- 민족의 통일을 위해 일하는 사람
- 자주적이고 진취적인 사람

교육과정

특징		- 중등과정: 1년
		- 고등과정: 2년
과목	기본과목	국어, 영어, 수학, 과학, 사회, 역사, 중국어, 한문, 미술, 체육, 환경 등을 포함한 검정고시 및 지식 교육
	동아리, 특성화 과목	생활미술, 영화연극, 생활체육, 문화체험(학기마다 도 단위의 문화유적지 탐방), 열린사회 통일한국, 진로상담

입학안내

- 입학방법: 입학원서 및 서류 제출, 학생면접
- 입학자격:

   1) 중등과정 - 고등중학교 4년 이하 수료자
   2) 고등과정 - 중학교 졸업학력 이상자(고등중학교 5년 이상 수료자, 중졸학력 검정고시 합격자)
   3) 대입과정 - 고등학교 졸업학력 이상자(고등중학교 졸업, 고졸학력 검정고시 합격자)

Ⅱ. 경기

4. 광성드림학교 – 초 CH

www.ksdream.net 경기도 고양시 일산 서구 덕이동

031-929-3385

학생 수	정교사	공간의 특징
81	9	교회건물

설립취지 및 교육목표

광성드림초등학교는 기독교 정신을 바탕으로 세계인류와 미래사회를 변화시키는 큰 꿈을 가진 지도자를 배출하는 학교가 될 것이며 정직과 봉사와 헌신을 실천하는 섬김의 리더를 양육하고자 한다.

- 세계화, 국제화, 정보화 시대에 각 분야에서 미래사회를 주도해 나갈 인재 양성
- 기독교 가치관과 생활관을 갖고 이웃과 형제, 지역사회를 섬기는 인재 양성
- 하나님 영광을 위하여 정직, 봉사, 헌신을 실천하여 세상을 변화시킬 인재 양성

교육과정

	기독교 신앙교육	성서의 가르침을 통해 삶의 터전을 다지는 교육 - 말씀묵상으로 하루를 시작 - 매주 금요일 부모님과 함께 하는 열린 예배

특 징	**인성 및 기본교육**	건전한 사회를 이끄는 도덕성과 사회성을 가진 인격체로 기본을 다지는 교육
	기초 교육	폭넓은 탐구활동과 깊이 있는 개념과 개별적인 이해를 경험하게 하여 지적능력을 세우는 교육 - 교과목 활동에서 기독교 세계관을 접목시키는 공동 연구
	창의적 교육	창조적인 발상을 통해 새로움을 표현하고 신체적인 발달과 감정의 건강을 증진시켜 기초를 보강하는 교육 - 음악(선택; 바이올린, 플루트, 클라리넷, 피아노) - 체육(1, 2학년: 발레, 태권도, 3, 4학년: 농구, 5, 6학년: 배드민턴)
	특성화 교육	체험 위주의 다양한 교육내용과 교육방법을 통하여 어린이의 소질과 개성을 최대한 계발하여 개인성장을 도모하는 교육 - 동아리 활동(주 1회); 미술, 독서, 영어회화, 여행스케치, 제빵제과, 돌과나무, 찬양과 경배 - 현장, 문화체험(월 1회) - 독서활동
	국제화 교육	실용적인 외국어(영어, 중국어)학습과 해외 이동수업을 통해 견문과 경험을 넓히고 국제적 시민의 소양과 자질을 갖추어 미래사회의 리더자로 세우는 교육. 광성드림 초등학교의 교육목표는 다음과 같은 성서의 가르침을 바탕으로 한다. - 국제화 교육(기본영어학습, 해외이동수업(연 1회))

입학안내

- 입학방법: 입학원서 및 서류 제출, 학부모와 학생 면접, 학교체험학습
- 입학자격:

  1) 광성드림학교의 교육이념과 기독교교육철학에 적극 동의하는 학부모의 자녀

  2) 학급별 1명 장애 어린이 선발

5. 두레학교 - 초 CH

www.dooraeschool.net 경기도 구리시 교문동

031-552-8298

학생 수	정교사	공간의 특징
105	7	학교건물

설립취지 및 교육목표

두레교육은 성서의 가르침을 통해 하나님과 인격적으로 만나게 하고, 삶의 현장에서 서로 도우며 더불어 살아가는 방법을 깨우쳐 주는 교육이다. 하나님과 사람, 공동체에서 바른 관계를 배운 이들이 나라와 민족을 위해 선한 영향력을 끼치는 사람들로 성장해 나갈 수 있도록 돕는다.

두레교육은 참 교사로서의 본을 보여 주신 예수님의 가르침을 바탕으로 한다. 제자들을 부르시고 그들에게 깊은 사랑과 섬김으로 다가섰던 것처럼, 학생들과의 일대일 인격적인 만남을 추구한다.

두레교육은 자율적이고 살아있는 배움 활동, 공동체 생활을 통해 겨레와 세계를 위해 쓰임 받을 수 있는 시대의 일꾼을 기르고자하는 교육이다.

두레교육은 예수님께서 보여 주신 교사로서의 삶을 본받아 맡겨진 이들을 소중히 여기는 마음가짐에서 시작한다.

교육목표

기독교 신앙 안에서, 예수의 제자로서 살아가며, 다음 세대에 쓰임 받는 일꾼들로 자라날 수 있도록 돕는다.

첫째, 지적성장이 바람직하게 이루어지도록 돕는다.

둘째, 신체적 성장을 돕는다.

셋째, 인격적인 성장을 돕는다.

넷째, 영적 성장을 돕는다.

교육과정

과목	배움	영성 배움 - 숲속 산책, 말씀 산책 기초 배움 - 우리 말 우리 글, 수와 셈 그리고 공간 도구 배움 - 외국말, 컴퓨터, 노동과 작업 주제 배움 - 국어, 사회, 과학, 수학, 음악, 미술, 실과를 통합 감성 배움 - 음악(바이올린), 미술, 체육 현장 배움 - 월별 현장 배움, 우리땅 즈려밟고, 해외 이동배움 집중 배움 - 여름(영어캠프), 겨울(예체능 중심) 집중 배움학교
	동아리	유레카 과학 동산, 재미로 배워보는 생활 영어, 초가집 만들기, 아차산 유적 탐험대, 연극, 퀼트, 수화, 장고, 국궁(활쏘기)
	어린이 두레마을	마을회의 직업 활동 협동조합 운영

입학안내

- 입학방법: 입학원서 및 서류 제출, 학생과 학부모 면접, 일일 학교 체험
- 입학자격:

  1) 두레학교의 교육철학과 기독교교육 방침에 동의하는 부모의 자녀

  2) 외국인 자녀도 지원 가능

  3) 특별전형: 본교 재학생과 형제관계에 해당하는 자

6. 샘물기독학교 - 초 CH

www.smcs.or.kr 경기도 성남시 분당구 정자동

031-715-1092

학생 수	정교사	공간의 특징
65	10	교회건물

설립취지 및 교육목표

섬기는 제자   - 사랑과 공의로 무장된 '섬기는 제자'

                - 복음으로 세상을 변화시키는 '섬기는 제자'

                - 예수 그리스도를 닮은 '섬기는 제자'

                - 생명과 몸을 소중히 여기는 '섬기는 제자'

                - 학문의 수월성을 겸비한 '섬기는 제자'

교육과정

특징	통합접근	성품	성품을 바탕으로 모든 과목과 연결하는 교재로 한 달에 한 가지 성품을 배운다. 예수님처럼2: 예수님의 어린이 되기(초등 1-3학년) 예수님처럼3: 예수님의 제자 되기(4-6학년) 예수님처럼4: 예수님의 군사 되기(중등 1-3학년)
		역사	역사는 하나님이 인간과 교제하신 내용을 기록한 것이다. 역사과목과 연계한 성경역사를 중심으로 세계사, 한국사, 그리고 지리 등을 타임라인 안에 통합하여 배운다. 수많은 문헌, 문화 작품을 통해 역사에 접근함으로써 국어과목과 연결하고 음악사/미술사와도 함께하는 통합교과 커리큘럼을 시도한다.
		성경	성경은 무오하며 권위 있는 하나님의 말씀으로서 토론의 대상이 아니라 믿고 순종해야 할 대상이다. 학생들이 수학, 역

특징	교과목접근		
			사, 철학, 언어, 과학, 예술 등 다른 과목과 연관시킬 수 있도록 말씀의 토대를 놓는다. - Veritas Press 성경공부 교재 사용
		언어영역	하나님께서는 그의 말씀을 통해 자신을 나타내셨다. 우리도 하나님을 영화롭게 하고 찬양하기 위해 언어를 사용한다. 언어를 사랑하도록 가르치면, 학생들은 성경을 읽고, 쓰고, 이해하고 감상함을 통해 그리고 많은 문학작품(찬송, 시, 동화, 수필, 서적 및 대화)을 통해서 스스로 학습하게 된다. 우선 모국어인 국어의 철저한 이해를 바탕으로 언어에 대한 체계적인 학습이 이루어지도록 한다. - 영어: Veritas Press의 Phonics, Rod and Staff 영어
		과학	과학은 창조 세계에 분명히 보여 알려진 하나님의 영원하신 능력과 신성을 체계적으로 연구하고, 수학은 학문의 일관성과 정확성을 통해 창조주의 논리와 질서를 배울 수 있다. - 과학: Apologia교재를 명지대학교 창조과학회에서 번역 - 수학: cornerstone 외
		예술	모든 예술 활동은 하나님을 사랑할 수 있는 기회이다. 예술을 통해서 창조 세계를 모방하고 마음껏 즐김으로써 우리는 아버지께서 행하신 일에 대해 기쁨으로 하나님의 영광을 표현해야 한다. - Cornerstone 미술 교재와 음악 연결

입학안내

- 입학방법: 입학원서 및 서류 제출, 학교체험, 면접
- 입학자격:

  1) 지원 학생의 부모와 지원자 본인 모두 그리스도인으로서 샘물기독학교가 고백하는 신앙에 동의하는 자(샘물교회 정회원의 자녀는 입학정원의 70% 범위 내에서 우선 입학)

  2) 학부모가 학교에 대해 적극적 동의, 각종 교육 참석 가능

  3) 특별전형: 교직원, 샘물교회가 분리·개척한 교회의 정회원, 해외 선교사의 자녀

7. 어린이학교 - 초 CH

www.sarangbang.org 경기도 포천시 소흘읍 무림리 348

031-544-1615

학생 수	정교사	공간의 특징
28	7	교회건물

설립취지 및 교육목표

사랑방교회가 학교를 설립한 것은, 사랑방교회가 교육을 통해 선교하도록 교육에 대한 소명을 받았고, 우리 사회가 참 교육을 회복해야 할 필요가 있기 떠문입니다. 이제 신앙을 바탕으로 하는 전인교육을 통해서 올바른 가치관을 갖게 하고, 조화로운 인격체가 되며, 다른 사람들과 함께 어울려 사는 삶을 살게 하려 합니다. 나아가 민족과 인류를 위해 봉사할 기독교 지도자를 배출하려 합니다.

어린이학교는, 첫 학교생활의 경험이 그들의 인격과 삶을 짓누르거나 삐뚤어지게 하지 않도록, 자유롭고, 창의적이고, 존경받는 삶을 경험을 하게 하려 합니다.

교육목적

사랑방교회의 신학적인 기초가 되는 코이노니아를 지향하는 교회를 바탕으로 하여 공동체적인 삶을 살도록 하는데 있습니다.

교육과정

특 징	언어 교육	- 국어교육: 독서와 일기, 그리고 여러 가지 이야기법을 통해 국어를 바르게 사용할 수 있도록 교육합니다. - 외국어교육: 외국어를 하나의 언어로 이해하고, 실생활에 사용하고 적용할 수 있도록 교육합니다.
	수학 교육	놀이를 통하여 수의 개념을 정확히 이해하고 활용할 수 있도록 합니다.
	예능 교육	악기 연주, 미술활동, 사진 찍기, 서예, 도예, 풍물을 교육하므로 예술에 대한 능력계발을 도와줍니다.
	체육 교육	자신의 건강을 스스로 지킬 수 있도록 하는 스트레칭과 태권도, 택견, 등산 등 여러 가지 레저 활동과 다른 사람들과 함께 하는 운동경기를 통해 함께 살아가는 법을 교육합니다.
	예절 교육	한국의 전통의례와 다도, 동서양의 식사예절 및 인사예절을 교육합니다.
	자연과학 교육	자연과 더불어 살아가면서 자연의 생태를 이해하고, 환경 친화적 삶을 살아가며, 생명운동에 참여할 수 있도록 교육합니다.
	역사와 문화교육	문화유적지를 방문하거나 역사관련 도서를 통하여 우리나라와 세계의 역사와 문화를 교육합니다.
	신앙 교육	성서읽기와 기도생활을 통하여 스스로 신앙생활을 할 수 있도록 교육합니다.

입학안내

- 입학방법: 입학원서 및 서류 제출, 학부모 면담
- 입학자격:

  1) 교회 자녀 또는 꾸러기학교 졸업생을 우선적으로 선발

  2) 어린이학교의 등, 학교 차량이 가능한 지역에 거주

8. 하나인학교 - 초 CO

www.hanain.net 경기도 파주시 탄현면 대동리

031-944-7907

학생 수	정교사	공간의 특징
26	8	학교건물

설립취지 및 교육목표

1. 삶과 배움이 하나인 학교입니다.

2. 학습과 놀이가 하나인 학교입니다.

3. 아이들과 교사, 자녀와 부모, 교사와 부모가 하나인 학교입니다.

하나인학교는?

1. 그리스도의 사랑을 기초로 하는 학교

2. 자기주도학습이 이루어지는 학교

3. 미래와 진로를 구체화하는 학교

4. 인류와 한민족에 기여하는 인재를 키우는 학교

5. 그리스도의 사랑을 친구와 이웃에게 실천하는 학교

교육과정

특징		
특징	언어능력과 언어사고력	우리말의 60% 이상 차지하는 한자 이해와 활용능력을 키워 어휘력을 키우고 우리글을 자유롭게 사용하고 표현할 수 있는 능력을 키우기 위한 프로그램 운영. 교과서 국어/ 독서토론/ 글과 표현/ 문학 읽기/ 한문 익히기

특 징	외국어와 외국문화 이해하기	수준별 반편성: 영어로만 수업하는 G5단계부터 영어의 처음을 배우는 G1단계까지 현재는 5개 단계로 나누어 수업을 하고 있습니다. (자체프로그램) 훈련이 아닌 문화/ 글로벌 감각 키우기/ 국제교류 프로그램
	수학적 사고력과 문제해결 능력	교과영역수업: 교육부 초등수학 교과과정의 모든 내용을 가르칩니다. 문제를 풀다 막힐 때 친절하게 설명해 주는 것은 수학을 가르치는 것이 아닙니다. 소규모 반편성의 장점은 아이들마다 자기 속도로 푸는 과정을 도울 수 있고 아이들의 특징을 살펴 꼼꼼하게 지도해 줄 수 있다는 것입니다(교육부 교과서 + 자체 교재). 수학적 사고력/ 생각하는 즐거움
	인간의 삶의 이해	한국사/ 세계사/ 경제/ 정치사회문화/ 철학
	과학으로 세상보기	관찰활동/ 실험활동/ 과학 개념 학습/ 과학 탐구 학습
	신나는 삶을 만들기	우리 음악 배우기/ 노래하며 즐겁게/ 손으로 아름다움 만들기/ 무술로 몸과 마음을 단련하기/ 공놀이 물놀이

입학안내

– 입학방법: 입학원서 및 서류 제출, 면접

9. 삼광국제기독학교 - 초 중 CH

www.bcsamkwang.org 경기도 부천시 원미구 상동

032-321-6483

학생	정교사	공간의 특징
70[16]	8	교회건물

설립취지 및 교육목표

1) 기독학생들을 기독교적 세계관과 가치관 안에서 어려서부터 하나님의 말씀을 체계적으로 공부시켜 하나님의 사람으로 양육한다.
2) 인성교육과 체계화된 미국 기독교학교 교과과정 수업을 통해 학생들을 성숙하고 지혜로우며 용기 있는 하나님의 사람으로 양육한다.
3) 학생들 속에 잠재되어 있는 무한한 가능성과 잠재력을 일깨워 이 땅 위에 하나님의 나라를 확장하며 각 영역에서 영향력을 미칠 수 있는 지도자들로 교육한다.

SICS는 단순히 공교육에 대한 거부감이나 왕따를 당하는 부적응 학생들의 도피처로서의 학교가 아니다. 어려서부터 그리스도의 제자로 양육받고 군사로 훈련받아 세상을 변화시키며 영향을 끼치는 그리스도의 대사로 양성한다. 이를 위해 교사와 학부모, 그리고 지역교회가 함께 협력하여 하나님이 기뻐하시는 기독교교육공동체를 형성하여 학생들을 하나님과 사람 앞에 부끄러울 것이 없는 인정된 일군으로 양성한다.

   1) 하나님의 뜻, 곧 성경에 근거한 비전교육

---

16) 유치원~중학교 2학년

2) 훌륭한 인성과 성품 계발을 위한 인격 및 품성 교육

3) 섬김을 통해 세상을 이끌어갈 수 있는 지도력 교육

4) 세상에 영향을 미칠 수 있는 실력 교육

5) 다원화 사회에서 더불어 살 수 있는 공동체 생활 교육

교육과정

특징	1) 기독교 영성을 바탕으로 한 교육 과정 2) 학습자의 자율성을 신장하기 위한 학생 중심의 교육 과정 3) 학교(교직원)와 학생, 학부모가 함께 실현해 가는 교육 과정 4) 신앙과 삶, 교육을 일치시키기 위한 교육 과정
과목	Chapel(예배)/ Bible Truth(성경)/ English (영어)/ Math(수학)/ Heritage Studies(미국 사회 및 세계 역사)/ Science(과학)/ Reading(사회, 문학)/ Physical Exercise(체육)/ Music(음악)/ Computer Lab/ 국어와 국사/ 독서토론/ 미술

입학안내

– 입학방법: 입학원서 및 서류 제출, 학생 및 학부모 면접

– 입학자격:

1) 학생과 학부모가 그리스도인

2) 본 학교 입학을 스스로 자원

3) 정신적, 정서적, 학문적 장애가 없어야 한다.

4) 부모가 기독교교육과 학교교육에 동의, 각종 교육에 참여

5) 100% 영어로 교육받으며 글로벌 리더십을 배우고 싶은 자

10. 등대국제학교 – 초 중 고 PE

www.lcs.or.kr 경기도 고양시 덕양구 화정2동

031-971-2732

학생 수	정교사	공간의 특징
40	9	학교건물

설립취지 및 교육목표

"하나님의 온전한 사람으로 세우는 교육"

하나님의 자녀들을 바른 영성과 바른 인격, 그리고 성격적 가치관으로 훈련하여, 이웃과 세상을 품고 섬기는 하나님의 온전한 사람들이 되도록 하는 것이다.

- 어둠과 방황 속에서 헤매는 사람들을 빛 가운데로 인도하는 것이다.
- 부패한 사회를 위해 한 줌의 소금이 되며, 하나님을 사랑하는 기독인으로서의 아름다운 선한 일을 행하는 것이다.
- 예수 그리스도의 마음으로 이웃과 세상을 섬기는 것이다.

교육과정

과목	초등	
		Languages: Korean/ Language. Arts(English, Spelling, Grammar)/ Reading(Reading, Writing)/ Chinese
		Mathematics
		Science
		Social Studies: Social(American Social)/ Korean Social Korean History
		Bible: Bible/ Chapel(Worship)
		Physical Edu.: Athletic(체육)/ Health
		Arts: Music
		Fine Arts

과목	중·고등	Elective: Study Hall(Reading, Self Study)
		Languages: Korean(한국문학, 독서)/ English Literature (영미문학)/ Wr, Gm(쓰기, 문법)/ Chinese
		Mathematics
		Science
		Social Studies: Social/ Korean Social(사회, 문화)/Korean History
		Bible: Bible/ Chapel(Worship)
		Physical Edu.: Athletic(체육)/ Health
		Arts: Music
		Fine Arts
		Elective: Study Hall(개별과제이행)

입학안내

- 입학방법: 입학원서 및 서류 제출, 학력테스트(영여, 수학), 면접
- 입학자격:

  1) 학습에 대한 의지와 목표가 분명한 학생

  2) 기본적인 영어 학습 능력이 준비된 학생

  3) 기독교인으로서 인격과 품행이 모범이 되는 학생

11. 로고스 기독학교 - 초 중 고 PE

www.logosca.com 경기도 고양시 덕양구 고양동

031-969-0640~1

학생 수	정교사	공간의 특징
40	10	학교건물

설립취지 및 교육목표

우리의 교육은 "하나님은 모든 진리의 근원이시다"는 신앙고백 위에 기초하며 진정한 교육은 신본주의적 기독교 세계관과 성경에 기초해야 한다고 믿습니다.

따라서 우리는 성경적 원리와 기독교 진리에 기초한 탁월한 기독교교육을 통해 예수 그리스도의 복음을 전하며, 하나님을 경외하며, 사회적 책임감이 있는 정직하고, 성숙한 하나님의 사람이 되게 하기 위해 자녀들을 교육합니다.

교육목표

1. 영적인 목표: 하나님을 경외하는 사람 · 말씀훈련 · 가치관 훈련
2. 인격적인 목표: 질서와 예의를 존중하는 사람 · 정직한 사람 · 성실한 사람
3. 학문적인 목표: 탁월한 교육 · 경쟁력 있는 교육 · 차별화된 교육

교육과정

특징	영성학습	채플/ 성경/ 로고스 가족캠프/ 아침 큐티/ 비전특강
	생활학습	봉사활동/ 극기 훈련/ 예수 성품 닮기 훈련
	지식학습	수준별 수업/ 현장체험/ 가을 문화역사 체험학습/ 실험학습/특성화 수업/ 국제화 수업(선택식: Literature, Science, Social Studies, 중국어)/ 교환학생 프로그램 실시(9학년 대상)/ 그룹식 학습/ 선교문화체험학습/ 국내문화역사기행
과목	초등	국어/ 수학/ 영어/ 독서논술/ 한문/ 한국 사회/ 미술/ 성경 사회, 과학/ 중국어/ 체육
	중, 고등	국어/ 과학/ 미술/ 독서논술/ Earth Science/ Life Science/ Physics/ World Studies/ World History/ 수학/ 역사/ Economics/ 성경/ 음악/ 사회/ Speech/ Geography/ Chemistry/ Literature/ English

입학안내

- 입학방법: 입학원서 및 서류 제출, 학생과 학부모 면접, 선발고사
- 입학자격:

    1) 본교의 교육철학과 교육방법에 동의하는 기독교인(단, 정원의 5% 이내에서 비기독교인 입학 허용)

    2) 기독학생으로서 품행이 단정한 자

    3) 학습의 목표와 의지가 있는 자

12. 한국국제크리스천스쿨 - 초 중 고 CO

www.christianschool.or.kr 경기도 부천시 소사구 송내동

032-668-2213

학생 수	정교사	공간의 특징
미응답	13	학교건물

설립취지 및 교육목표

　교육의 사명은 예수님의 온전한 제자들을 만드는 것이다. 그래서 성경은 교육할 수 있는 권한을 오직 가정과 교회 이외에는 허락하지 않으셨다고 말하고 있다. 그러므로 교육은 가정과 성서적인 교회의 구조 아래서 크리스천 이념에 기초한 학교에서 이루어져야 한다.

　이에 한국국제크리스천스쿨은 초교파적인 기관으로 복음적이며 성서적 세계관에 기초하여 탁월한 학문적인 커리큘럼과 복음적인 신앙 안에서 하나님의 구원에 감사하며, 종으로서의 소명과 은사를 깨닫고 이를 통해서 오직 하나님께 영광 드리는 하나님의 진실한 백성들로 교육할 것이다.

교육과정

특징	1. 예수님 중심 모든 학교의 학습과 프로그램은 다음 사항에 기초한다. ① 모든 과목에 있어서 성경은 표준이 된다(딤후 3:16-17). ② 본교의 모든 교사와 직원들은 학생들에게 성서에서 말하는 모범적인 크리스천 모델이 된다(마 22:37-40). ③ 예수 그리스도의 안에서 그리고 성령님의 인도하심을 따라서 하나님과의 실제적인 관계를 갖도록 교육한다(마 19:13-15, 마 28:18-20).

특 징	2. 전통적인 방법 　모든 과정과 프로그램, 그리고 교육에 있어서 한국국제크리스천학교는 　① 모든 과목에 있어서 문법과 논리와 수사를 중요시한다(아래 정의 　　참조). 　② 모든 학생들은 하나님의 사랑과 구원의 기쁨을 나누고 이를 교내외 　　에서 실천한다. 　③ 모든 학습의 궁극적 목적은 하나님께 영광을 돌리기 위함을 인식한다. 　④ 위의 학습목표를 이루기 위하여 잘 준비된, 다양한 교육프로그램을 　　실시한다. 3. 정의 　① 문법: 학습의 근본적인 주제와 법칙을 인식한다. 　② 논리: 학습의 주제와 법칙을 논리적이고 합리적으로 이해한다. 　③ 수사: 학습에서 습득한 문법과 논리를 설득력 있는 표현과 지혜를 　　가지고 적용시킬 수 있도록 발전시킨다.
과 목	성경/ 읽기/ 수학/ 역사, 지리/ 과학/ 미술/ 음악/ 라틴

입학안내

-입학방법: 교장 면담 후 입학원서 및 서류 제출, 선발고사

-입학자격:

　1) 학생: 선생님의 지도에 순종하는 자, 7학년 이상인 경우 구원을 체
　　험한 자

　2) 학부모: 부모 중 1명은 교회에 출석하는 헌신적인 그리스도인, 학
　　교에 적극적 협력

13. 한국기독국제학교 – 초 중 고 PE

www.ilsancs.com 경기도 고양시 일산동구 정발산동
031-913-9105

학생 수	정교사	공간의 특징
36	7	학교건물

설립취지 및 교육목표

본교는 21세기의 지식 사회의 기반을 이루는 지식 습득의 방법을 성경적 세계관과 기독교적 교육철학의 바탕 위에서 이루고자 설립한 학교로, 미국의 신실한 크리스천 스쿨과 파트너로, 미국 학교교육을 그대로 한국에서 실시합니다. 일 년에 6대 교과목을 영어교과서로, 영어로 이수하며, 특히 성경과 음악을 정규 교과목으로 채택하여 미국교과서로 이수합니다. 이는 외국인 학교에서 시행하는 커리큘럼으로 본교의 자랑입니다. 본교의 목표는 "ALL NATIONS"를 가슴에 품고 "그 꿈"을 이루기 위해 기도하는 크리스천 자녀들을 위해 주님의 가르치심의 사역을 감당하는 곳입니다.

교육목표

예수 그리스도 안에서 학생들의 영성과 지성, 그리고 사회성을 계발하고 21세기 월드크리스천 리더로 양육하여 모든 족속(ALL NATIONS)에게로 파송함에 있다.

(1) FOR MAN
(2) FOR CHURCH
(3) FOR MANKIND

교육과정

특징	국내부		국내검정고시 및 수학능력시험 준비과정. 영어, 중국어 중점교육, 개성과 적성 중시교육
	국제부		미국 사립학교의 커리큘럼으로 시행하며 교재는 주로 Bob Jones University 교재 사용
	예술부		국내부 과정과 국제부 과정의 필수과목만을 이수하며 전공이론 과목과 실기를 중점 교육(예중, 예고와 동일 커리큘럼으로 진행)
과목	국내부	중등	국어, 영어, 수학, 사회, 과학, 음악, 미술, 체육, 기술, 가정, 성경, 채플, 중국어
		고등	국어, 영어, 수학, 사탐(국사, 정치, 경제, 사회 문화, 윤리, 한국 지리, 경제 지리, 세계 지리, 근현대사, 세계사), 과탐(생태, 지구 과학, 물리, 화학), 음악, 미술, 체육, 성경, 채플, 중국어
	예술부	음악	개별적 실기 지도. 음악 이론, 시창·청음, 합창·합주, 음악사, 연주
		미술	미술이론, 미술사, 소묘, 채화, 한국화, 입체조형, 디자인

입학안내

- 입학방법:

  1) 국제부: 입학원서 및 서류 제출, 학생부 성적 및 면접으로 선발

  2) 예술부: 입학원서 및 서류 제출, 학생부 성적 및 실기로 선발

- 입학자격:

  1) 전국의 초등학교 및 중학교 졸업자 및 재학생으로 영육 간에 건강한 자

  2) 검정고시 준비자 및 합격자, 홈스쿨러, 외국 학교 이수자

14. 두레자연중학교 – 중 ○ 기숙 CH

www.doorae.ms.kr 경기도 화성군 우정읍 화산7리

031-358-8773 특성화중학교

학생 수	정교사	공간의 특징
60	8	학교건물

설립취지 및 교육목표

두레자연학교가 추구하는 것은

첫째, 사람다운 사람이 되는 교육을 받아 평생토록 행복하고 보람 있는 삶을 살게 하는 것이고

둘째, 학생과 스승, 그리고 두레마을 공동체와 더불어 살아가는 공동체 정신을 이루어 나가는 것이며

셋째, 학교의 교장 되신 예수님의 가르치심을 받들어 겨레의 혼을 깨우치고 얼을 가다듬어 힘찬 나라를 이루어 가는 것입니다.

교육목표

사랑, 하나님의 형상인 인간을 존중해야 합니다.

적성, 자신이 원하는 것을 발견하게 되는 것은 기쁜 일입니다.

행복, 사명에 따라 일하는 보람이 바로 행복한 삶입니다.

교육과정

	기본 교과	국어, 도덕, 사회, 수학, 과학, 기술과정, 체육, 음악, 미술, 영어

교과	특성화 교과	노작	텃밭재배, 목공, 옷 만들기, 요리
		열린 사고	신문만들기, 인권과 평화, 환경과 우리, 초청강의, 발표토론
		해외 이동 수업	일본(1학년), 중국(2학년)
		적응 활동	설악산 종주(1학년), 국토순례(2학년), 테마여행(연 2회)
		문화 체험 활동	문화산책(연극, 영화, 음악회관람), 1인 1악기(플루트, 색소폰, 클라리넷), 전통미술실습(도자기공예, 염색, 한지공예), 전토예절실습(예절교육, 장 담그기)
	특기 적성 교육	음악	플루트, 색소폰, 트럼펫, 클라리넷, 피아노, 사물놀이
		미술	데생, 수채화, 공예
		체육	태권도, 택견, 검도, 핸드볼, 탁구
		외국어	영어, 일본어, 중국어
		컴퓨터	파워포인트, 엑셀, 포토샵, 홈페이지
		독서	일기, 쓰기
	그 외		식구회의, 봉사활동, 생활관교육

입학안내

– 입학방법: 입학원서 및 서류 제출, 면접(1, 2차), 글짓기, 자기소개서

– 입학자격:

1) 초등학교 졸업(예정)자 및 교육인적자원부장관이 인정하는 동등 학력자

2) 중학교 입학자격 검정고시 합격자

3) 해외에서 우리나라 초등학교 학력에 해당하는 학교를 졸업한 자

4) 본교의 교육목적 및 교육방법에 대하여 자발적으로 공감하는 자

5) 학부모의 동의를 얻은 자

15. 아힘나 평화학교 - 중 기숙 PE

www.ahimna.net/school 경기도 안성시

031-674-9130

학생 수	정교사	공간의 특징
24	6	학교건물

설립취지 및 교육목표

아힘나(아이들의 힘으로 만들어가는 나라) 평화학교는 관용과 상생의 가치를 최우선의 가치로 삼아 평화를 위해 일하는 사람으로 성장할 수 있도록 돕는 교육공동체

교육목표

아힘나 평화학교는 진리를 탐구하고 평화를 추구하며 사랑을 실천한다.

자기를 존중하는 마음(自尊感)과 자기를 믿는 마음(自信感)을 키워 간다.

자율적이고 책임 있는 사람으로 성장해 간다.

인간관계와 사회관계를 탐구하고 공동체를 이루어가는 훈련을 하여 생활로 익혀 나간다.

비판적 학문연구의 기초를 익힌다.

창조적인 문화능력을 발휘한다.

생명살림의 생활문화를 체득한다.

평화건설자(Ahimna Peace Builders)의 사명을 감당해 나간다.

교육과정

특 징	기초 학습 과정	- 몸, 마음, 영을 느끼고 사랑함으로 자기 자신을 잘 이해한다. - 의식주의 해결을 위한 기본적 능력을 습득하여 자주적 생활을 익힌다. - 타종교, 타민족 문화에 대한 균형 잡힌 이해를 통해 공존의 생활문화를 익힌다. - 평화적 감수성, 평화 학습, 평화로운 생활문화를 습득하여 평화 능력을 함양한다. - 기초학문에 대한 수학능력을 습득하여 전문분야 연구의 바탕을 다진다. - 우리말을 비롯하여 영어, 일본어, 중국어를 학습하며 폭넓은 학문연구의 기틀을 다진다. - 일본, 스페인, 콜롬비아의 아이들 공동체와 교환 수업을 통해 네트워크를 다진다.
	전공 학습 과정	- 전공분야에 대한 개별 교육과정을 연구함으로 주체적 학습 능력을 함양한다. - 모둠별 프로젝트에 따른 소그룹 토론수업을 통해 협력학습의 방법을 익힌다. - 지역 내 대학과 연계하여 심화연구를 지원한다. - 지역 문화예술인과 연계하여 개별수련활동을 지원한다
	평화 실천 과정	- 한국사회 각 분야 NGO의 활동이해 및 실습을 통해 평화를 만들어가는 이들과의 연대망을 구축한다. - 각급 학교 내 Ahimna Peace Builders와 연계하여 다양한 평화실천 프로그램을 개발한다.
교 과	기초교육 과정	평화학습/ 생태학습/ 문화학습/ 정보화 학습/ 문학 학습/ 외국어 학습/ 민주시민 훈련/ 자격검정시험준비
	심화연구 과정	진로 관련 심화연구 과정 진로 관련 심화 학습, 훈련 과정
	평화실천 과정	평화 공존 생명 살림의 시민단체 교류협력 아힘나 평화실천과정

입학안내

- 입학방법: 입학원서 및 서류 제출, 면접

16. 독수리 기독중고등학교 - 중 고 PE

eagleschool.com 경기도 성남시 분당구 분당동
031-789-2400

학생 수	정교사	공간의 특징
85	19	학교건물

설립취지 및 교육목표

우리의 사명은 청소년들이 하나님을 경외하고 이웃을 섬기며 하나님의 비전을 이룰 수 있는 신앙과 인격, 지식과 실력을 갖춘 그리스도의 제자가 되게 하는 것이다.

<부가조항>

변화하는 세상 가운데서 살아가는 청소년들이 성경에 따른 신앙과 인격 훈련을 받고, 성경적 원리에 따른 학문을 배워, 먼저는 하나님과 자기 자신, 이웃과 세계를 바로 이해하고, 나아가 성경이 가르치는 삶의 기준과 기독교 세계관에 따른 삶을 살아가면서, 세상을 변화시키며 하나님을 위한 헌신된 삶을 살게 하는 것이 우리의 과제요, 사명이다.

교육과정

특징	- 교사대비 학생의 비율 1:6으로 유지함으로써 개인별 학습능력에 따른 눈높이 완전학습과 자율학습시스템 운영 - 영성, 인성, 지성을 고루 갖춘 전인교육 실시 - 기독교 세계관으로 세상을 읽도록 훈련 - 보통 아이를 세상을 변화시킬 그리스도의 강력한 군사가 되도록 강도 높은 하늘사관학교 교육 시도

| 교과 | 중등 | 국어/ 영어/ 수학/ 과학/ 한문/ 독어/ 컴퓨터/ 음악/ 미술/ 체육/ 회화/ 성경 |
| | 고등 | 성경/ 국어/ 독서/ 문학/ 작문/ 문법/ 경제/ 지리/ 세계사/ 국사/ 근현대사/ 수학10-가, 나/ 수Ⅰ/ 수Ⅱ/ 미분적분학/ 이산수학/ 과학/ 영어/ 중국어/ 영어회화/ 음악/ 체육/ 탐구학습 |

> - 성경적 세계관으로 저술된 교재 사용
> - 영어 원교육과 캐나다 교환학습 프로그램을 통해 국제화교육 실시
> - 개개인의 진로와 비전 성취를 위한 다양한 정보와 체험의 장 제공
> - 고난학습, 농활 등의 계절 학습, 토요현장체험, 재해복구 등 다양한 현장학습을 통한 섬김훈련

입학안내

- 입학방법: 입학원서 및 서류 제출, 학력평가, 선발 캠프, 학생과 학부모 상담

- 입학자격:

1) 학생과 부모와 지원자 본인 모두 그리스도인, 보수교단에 속한 교회에 출석하는 자

2) 지원학생은 부모의 강요에 의해서가 아니라 본인 스스로 본 학교 입학을 자원해야 한다.

3) 지원학생은 정신적, 정서적 장애나 학문적 장애가 없어야 한다.

4) 지원학생의 부모가 기독교교육, 학교교육에 동의, 부모교육에 참여한다.

17. 들꽃청소년세상 – 중 고 혼합 PE

www.wahaha.or.kr 경기도 안산시 단원구 와동

031-486-8836,8

학생 수	정교사	공간의 특징
32	4	학교건물

설립취지 및 교육목표

혈연가정의 보호를 받지 못하는 아동, 청소년들의 양육과 보호, 교육을 담당하는 생활공동체이자 교육공동체로서 선도적 역할을 해 온 들꽃 피는 마을은 하나님의 사랑 안에서 지역 공동체 내에 확고히 뿌리 내린 대안가정, 대안학교를 통해 아동, 청소년들을 행복하게 생활하고 밝고 건강하게 성장할 수 있도록 한다.

교육과정

특징	**중등과정**	성장발달의 5가지 영역(지능, 감성, 건장, 인간관계, 영성)에 해당하는 과목으로 교사가 정해 놓은 시간표에 맞추어 진행된다.
	고등과정	특기와 적성을 계발하여 직업을 준비하는 과정으로 직업 체험과 인턴십 과정이 중점을 이룬다. 아이들마다 각기 시간표가 다른데 선택과목과 필수과목이 있다.
	Family Wellness	가족기능회복을 위한 수업, 학부모과정은 별도로 진행된다.
	Fit Brain	뇌 발달을 위한 명상과 체조, 그림 등을 하는 수업이다.
	아람교실	장애우 통합 수업

입학안내

- 입학방법: 입학상담 신청 후 1주일간 가입학 생활 후 선발
- 입학자격: 14세-20세로 정규학교를 다니지 않는 청소년

18. 멋쟁이학교 - 중 고 기숙 CH

www.sarangbang.org 경기도 포천시 소흘읍 무림리 348

031-544-1615

학생 수	정교사	공간의 특징
44	6	교회건물

설립취지 및 교육목표

사랑방교회가 학교를 설립한 것은, 사랑방교회가 교육을 통해 선교하도록 교육에 대한 소명을 받았고, 우리 사회가 참 교육을 회복해야 할 필요가 있기 때문이다.

이제 신앙을 바탕으로 하는 전인교육을 통해서 올바른 가치관을 갖게 하고, 조화로운 인격체가 되며, 다른 사람들과 함께 어울려 사는 삶을 살게 하려 한다.

나아가 민족과 인류를 위해 봉사할 기독교 지도자를 배출하려 한다.

멋쟁이학교는, 사춘기의 성장과 변화의 특징을 고려하여, 체력단련과 자아확립, 그리고, 생존에 필요한 능력과 지도력 준비를 도와주려고 한다.

교육목적

예수 그리스도의 복음을 증거하여, 이 땅에서 하나님 나라의 삶을 누리도록 한다.

교육과정

교과	공통필수교과	외국어교육	영어, 불어, 독어, 중국어, 일본어 중 3개 국어
		국어교육	체계적인 독서 일기, 한자
		인성교육	정기적인 공동체 생활, 신앙교육(성서일기, 침묵시간)
		생활교육	밥짓기, 옷짓기, 집짓기, 쟁기질, 다림질, 바느질, 수리 등
		예절교육	한국의 전통의례, 다도, 동서양의 식사예절과 인사예절
		환경과 생명 교육	자연의 생태 이해, 환경친화적 삶
		체육교육	건강(체조, 조깅, 수영), 자신감(검도, 유도, 택견), 협동(탁구, 배구, 농구, 축구 등), 자연(등산, 산악자전거, 레프팅, 스키)
		예능교육	악기연주, 미술활동, 붓글씨 쓰기, 풍물, 연기
		체험교육	여행, 답사, 노동, 사회봉사, 인터뷰 등
	일반교과		국어, 영어, 수학, 정보, 컴퓨터, 역사와 문화, 과학, 철학
	개인별교과		일대일 교육과정
	진학준비과정		상급학교 진학대비 검정고시, 수능준비교과

입학안내

- 입학방법: 입학원서 및 서류 제출, 학부모 면담
- 입학자격: 교회 자녀 또는 어린이학교 졸업생을 우선적으로 선발

19. 산돌학교 – 중 고 기숙 CH

www.sundol.or.kr 경기도 남양주시 수동면 운수리 357

031-511-3295

학생 수	정교사	공간의 특징
59	12	학교건물

설립취지 및 교육목표

1. 우리 교육이 필요로 하는 인간학적 토대_ 자유
2. 우리 대안학교 교육의 범주_ 통전성
3. 교육과 자기학습의 진정한 과제로서의 깨달음
4. 한국인의 혼과 몸에 맞는 토착화된 교육
5. 생태와 생명, 평화적 가치를 추구하는 교육

교육과정

특징	정기 적인 기도와 수행, 경건과 실천(회심. 성화. 완전), 하나님, 나, 이웃, 자연과의 깊은 대화와 성찰
	온돌으로 체험하는 한국의 역사와 문화, 서당 및 서원 교육의 현대화
	일상적 노동 속에서 생명의 가치와 아름다움 깨닫기
	교사와 학생이 함께 참여하여 만드는 학교교육과정, 역동적이고 신축성 있는 교과 편성과 학사운영
	기본적 덕성 함양과 학생의 개성, 욕구가 조화를 이루는 교육
	학부모 교육 학교 교육이념의 공유와 교육활동에 대한 관심과 참여, 지속가능한 삶과 교육에 대한 인식의 지평을 넓히는 공부
교과 기독교 영성교육	종교(성경, 예배), 명상, 묵언, 생태교육

교 과	전통교육	역사, 문화유적지 답사, 국토순례, 동양고전 읽기, 전래 놀이, 전통음악, 민족무예
	전통예절	한글살이, 다도, 서예(전각) 등
	노작교육	농사, 원예, 목공, 도예, 바느질, 직업경험, 쇄소교육
	참여교육	제자회의, 학생자치회, 축제, NGO 활동
	평화교육	대화와 토론, 외국어, 국제이해, 인권교육, 통일교육 등
	기타	문학, 철학, 수학, 과학, 예술(음악, 미술, 무용, 밴드 활동), 자원활동, 애니메이션, 요리, 연극, 다도, 바느질, 컴퓨터, 천연염색 등

입학안내

- 입학방법: 입학원서 및 서류 제출, 학생과 학부모 면접, 학교 체험, 추첨

20. 성산효마을학교 – 중 고 ○ CH

www.hyohs.or.kr 인천광역시 남동구 간석동

032-421-4526 위탁형 대안학교

학생 수	정교사	공간의 특징
40	6	학교건물17)

설립취지 및 교육목표

「孝 효행 · 信 믿음 · 和 화합」 교육으로 「가정처럼 좋은 학교」 만들기

성경적 효 정신에 입각한 사랑실천 교육으로 전인적 인간 육성, 공동체
적 인간 형성, 그리고 기본적 학문의 습득과 개성을 존중하는 교육지향

교육목표

1. 민주시민의 문화의식으로 애국 애족하는 사람을 기른다(애국인)
2. 건전한 심신을 가지고 행복한 삶을 누리는 사람을 기른다(건강인)
3. 바르고 건전한 마음가짐으로 효를 실천하는 사람을 기른다(효성인)
4. 과학적 사고력으로 문제를 해결하는 창조적인 사람을 기른다(창조인)
5. 책임과 협동정신으로 실천하는 자주적인 사람을 기른다(자주인)

---

17) 성산효도대학원 대학교내 건물

교육과정

특 징		일반교과 60%와 대안교과 40%의 탄력적인 교육과정을 운영하고 있으며 등, 하교 형태의 자유로운 대안학교를 지향하며 본 학교와의 긴밀한 협조로 학생들의 일반적인 상황과 출결, 상담, 성적처리를 유기적으로 연결 관리하고 있다. 학생중심 운영, 인성중심의 교육과정, 소규모 학급운영, 상시 상담체제 운영, 효행 및 전통문화의 체험 교육운영, 다양한 현장학습 교육과정 운영 자체적으로 대안교과 프로그램(효 교실, 생활미술, 생활체육 등)을 개발하여 활용		
교 과	**대안교육 프로그램**	**인성**	상담교육/ 효 교육/ 독서교육
		체험학습	교과체험/ 심성수련
		특기, 적성	음악/ 체육 및 기타

입학안내

- 입학방법:

  1) 위탁절차: 학생, 학부모가 소속교에 신청 → 소속교에서 위탁여부 결정 → 소속교에서 성산효마을학교로 추천 → 성산효마을학교에서 적응교육(2주간) 후 위탁여부 통보

  2) 학교장의 추천에 의거 접수순으로 선발

  ※ 퇴학, 휴학생은 재입학 및 복학절차를 거친 후 소속교에서 추천

- 입학자격: 본인 및 학부모가 대안교육, 위탁교육을 희망한 학생으로서 소속 학교장의 추천을 받은 자(단, 정신질환이나, 특수교육 대상자, 기타 사유로 대안교육을 받을 수 없다고 판단된 학생은 모집대상에서 제외할 수 있음)

21. 쉐마기독학교- 중 고 기숙 CH

www.ishema.org 경기도 양주시 은현면 용암리

031-853-3144

학생 수	정교사	공간의 특징
65	8	교회건물

설립취지 및 교육목표

성경말씀을 중심으로 하여 유태인식 교육방법을 통하여 정치, 경제, 과학, 문화, 예술, 종교 등 모든 분야에 영향력을 끼칠 수 있는 지도자를 양성하여 세계를 가슴에 품고 인류 역사를 이끌어 가는 우수한 기독 인재를 양성하는 학교이다. 특히 자녀 교육 문제로 고민하는 농어촌, 개척교회 목회자와 선교사 자녀들을 맡아 최고의 교사진을 통한 양질의 교육을 시킴으로 복음 사역에 매진할 수 있도록 돕는데 목적을 둔 특수목적 학교이다.

교육목표

하나님 형상의 회복

전인격 발달

크리스천 리더십 강화

교육과정

특징	각 교시수업을 통해 영성과 학문을 통합하는 학교입니다. 다시 말해 기독교 세계관을 통해서 학문을 재해석하여 학생들을 가르치는 학교입니다. 쉐마기독학교는 영성교육과 훈련을 우선하므로 하나님의 형상

<table>
<tr><td>특
징</td><td>(Imago Dei) 회복을 우선적으로 추구합니다. 이 하나님의 형상이 회복되면 모든 것을 할 수 있는 기반을 구축하는 것이 되기 때문입니다. 그리고 회복된 하나님의 형상을 소유한 학생들이 이 세상에서 규모 있게 영향력을 끼치며 봉사할 수 있도록 실력을 갖추게 하는 교육을 시행하고 있습니다.
　학교에는 신적교사와 인간교사가 있습니다. 교육의 주체이신 신적교사 성령님, 그리고 교육의 주체이신 성령님을 의지하고 그의 뜻대로 교육을 수행하고자 하는 열정에 사로잡혀있는 크리스천 교사가 믿음으로 학생들을 가르치고 있습니다. 이는 동시에 기도가 끊임없이 지원되는 학교여야 한다는 사실을 함의하고 있습니다.
　'아가피아(Agapia) 독서프로그램'을 도입하여 학생들에게는 비전과 자기 주도적 학습 능력을 강화시켜 주고 교사들에게는 학생들을 구체적으로 멘토링할 수 있는 마인드와 역량을 강화시키고자 합니다.</td></tr>
</table>

입학안내

- 입학방법: 입학원서 및 서류 제출, 영성·지성 평가(성경, 국·영·수)
- 입학자격:

  1) 기독교인 가정의 자녀(특히 목회자 및 선교사 자녀 우대)

  2) 성경말씀에 근거한 교육을 원하는 자

  3) 학교성적 중위권 이상 해당자

  4) 특히 장래 목회자 및 선교사 비전이 있는 자

  5) 해외여행의 결격사유가 없는 자

22. 한국기독사관학교 - 중 고 혼합 CO

www.ko-ca.org 인천광역시 남동구 구월동

0505-018-5004

학생 수	정교사	공간의 특징
미응답	16	학교건물

설립취지 및 교육목표

21세기, 지식정보시대에 가장 필요한 인간상인 인격, 실력, 헌신을 겸비한 인재를 양성하는 데 있다. 이를 실현하기 위해 친환경적이며 쾌적한 환경에 캠퍼스를 건립하고, 연구 및 교육 인프라를 구축하기 위해 국내외 종합대학교와의 실질적인 교류를 전국 최고의 특성화 학교로 자리매김할 것이다.

또한 글로벌 시대에 발맞추어 나갈 인재 양성을 위해 미국, 중국, 필리핀 등에 국제학교를 설립해 갈 것이며, 유치원과 신학대학원을 갖춘 토털 교육 시스템을 도입할 것이다.

교육목표

한국기독사관학교는 하나님이 우리 각자에게 주신 능력을 최선을 다해 계발해서 글로벌 마인드와 창조적 사고를 가진 젊은이들이 새로운 윤리를 바탕으로 신선한 변화를 이끌어 갈 수 있는 토양과 자양분을 마련하는 샘터와 꿈터로서의 학교로 비전을 갖습니다.

한국기독사관학교의 설립목표는 세계를 리드해 나갈 실력과 자기 삶을 즐길 줄 아는 인격과 남의 삶을 나의 삶만큼이나 소중히 여길 줄 아는 헌

신의 삶을 사는 학생을 양성하는 것입니다.

교육과정

특징	1. 학생중심의 수준별 교육여건 제공 2. 학생중심의 교육과정 계획과 운영 3. 체험교육제공 4. 사회와 밀접히 연계된 학교교육 5. 공동체적 생활경험과 교육활동 6. 즐겁고 보람 있는 학교생활 7. 사회봉사와 사회발전에 기여

입학안내

- 입학방법: 입학원서 및 서류 제출, 자격시험, 학생과 학부모 면접, 필요에 따라 적성검사와 성격검사 실시
- 입학자격:

  1) 본교의 교육목적 및 교육방법에 대하여 공감하는 자

  2) 거주지에 관계없이 입학을 희망하는 자

  3) 학부모의 동의를 얻은 자

23. 두레자연고등학교 - 고 ○ 기숙 CH

www.doorae.hs.kr 경기도 화성군 우정읍 화산7리

031-358-8776 특성화고등학교

학생 수	정교사	공간의 특징
120	14	학교건물

설립취지 및 교육목표

두레자연학교가 추구하는 것은

첫째, 사람다운 사람이 되는 교육을 받아 평생토록 행복하고 보람 있는 삶을 살 게 하는 것이고

둘째, 학생과 스승, 그리고 두레마을 공동체와 더불어 살아가는 공동체 정신을 이루어 나가는 것이며

셋째, 학교의 교장 되신 예수님의 가르치심을 받들어 겨레의 혼을 깨우치고 얼을 가다듬어 힘찬 나라를 이루어 가는 것이다.

교육목표

사랑, 하나님의 형상인 인간을 존중해야 한다.

적성, 자신이 원하는 것을 발견하게 되는 것은 기쁜 일이다.

행복, 사명에 따라 일하는 보람이 바로 행복한 삶이다.

교육과정

특징		1) 교육과정은 우리학교가 교육부 인가를 받은 대안학교이기에 교육부 지침을 따른다. 국민공통 기본교육과정(10학년)과 인문 중심의 선택중심 교육과정(11~12학년)으로 운영하고 있다. 2) 특성화고등학교의 정체성을 살려 교육과정의 30% 내외를 특성화 교과로 운영하고 있다.	
교과	보통 교과	국어, 작문, 영어, 수학, 사회, 국사, 정치, 사회문화, 과학, 체육, 윤리, 국사, 음악, 미술	
	특성화 교과	내 속의 나	예배/ 철학/ 종교
		사회 속의 나	열린사회 열린 사고/ 정보사회와 컴퓨터/ 신문을 통한 세상읽기/ 인간사회와 환경
		세계 속의 나	영어회화(원어민)/ 생활 속의 영어/ 일본어/ 읽고 쓴다는
		생활과 문화	민요, 무용/ 악기수업(1인 1악기)/ 대중음악사/ 그림 속으로/ 서양미술사
		생활과 자연	가정실습/ 노작/ (목공, 농업실습)/ 생태와 환경/ 환경
	동아리	풍물, 연극, 택견, 목공, 영화, 밴드, 수화, 힙합, 태권도, 수학, 방송, 헬스, 조깅, 댄스, 노래, 축구, 사진, 일본 만화·영화 감상, 음악·영상물 감상, 영어성경읽기·찬양, 배드민턴, 영어회화, 탐험, 문화탐방, 인공암벽, 자연체험, 일본어, 피아노, 역사탐방, 시장탐방, 축구	

입학안내

- 입학방법: 입학원서 및 서류 제출 시 학생과 학부모 면담, 1, 2차 면접, 논술(자기소개서 10점 + 봉사활동10점 + 인성검사 10점 + 면접 1차 30점 + 면접 2차 20점 + 논술 20점)

- 입학자격: 학교생활에 부적응하거나 개성이 강한 학생들 가운데 우리학교에서 새 출발 하려는 의지를 지닌 학생을 선발하고자 한다. 중학교 교과 성적은 반영하지 않는다.

24. 산마을 고등학교 - 교 ○ 혼합 CO

www.sanmaeul.org 인천시 강화군 양사면 교산1리

032-932-0191 특성화고등학교

학생 수	정교사	공간의 특징
47	15	학교건물

설립취지 및 교육목표

생명과 배움의 공동체

노작, 영성, 수련의 통전적 교육

에너지 자립, 생태 건축의 학교 환경

자율과 자치의 민주적인 학교 문화

가치와 미래 지향의 진로 교육

지역 사회와 함께 하는 교육

교육과정

<table>
<tr><td rowspan="8">교
과</td><td>국민공통
기본교과</td><td>국어, 수학, 사회, 도덕, 영어, 과학, 체육</td></tr>
<tr><td>선택교과</td><td>국어영역, 외국어영역(중국어, 일본어, 영어), 사회영역, 수학영역, 과학영역, 생태와 환경, 진로와 직업, 컴퓨터, 체육과 건강, 예능영역</td></tr>
<tr><td>특성화
교과</td><td>생태농업(친환경적 먹을거리 생산), 창작활동(생활의상, 생활음식, 생태건축), 공동체 이론과 실제, 섭생과 수련, 문예창작, 삶과 철학, 생활글 쓰기, 지역 사회 탐구, 평화사상, 진로선택</td></tr>
<tr><td colspan="2">창의 특별교과</td></tr>
<tr><td colspan="2">창의적 재량활동</td></tr>
<tr><td colspan="2">특별활동</td></tr>
</table>

입학안내

- 입학방법: 입학원서 및 서류 제출, 선발캠프(1박 2일), 인성검사
- 입학자격: 본교의 교육이념과 방침에 동의하는 자

III. 충청

25. 글로벌 비전 크리스천 스쿨 – 초 중 혼합 CO

www.gemgvcs.org 충북 음성군 원남면 금곡리

043-871-7000

학생 수	정교사	공간의 특징
430	40	학교건물

설립이념 및 교육목표

잠재성과 창의력은 있으나 여러 환경적 요인에 의해 그 능력을 미처 계발시키지 못한 청소년 인재들을 신앙, 학업능력, 그리고 따뜻한 가슴을 지닌 사람으로 양육하여 미국을 비롯한 서진 영어권의 주요 대학에 입학시켜 다가오는 통일한국 시대와 아시아, 더 나아가 세계 앞에서 쓰임 받을 인재로 세우고자 한다.

교육목표

성숙한 인격을 가진 신앙인 양성

민족을 사랑하는 신앙인 양성

인류를 이끌어 가는 능력 있는 신앙인 양성

교육과정

학생들은 프로젝트 수행 위주의 수업을 진행하며 이를 통해 학교는

특징	학생 개개인의 개별성과 차별성을 계발하고 학업 성취 및 개인의 존엄성을 극대화시키고 있다. 　전 과목을 전일 영어수업을 통해 공부하고 있는 GVCS 학생들은 대부분 미국 최고의 대학진학을 목표로 하고 있으며, 이후 국제 정세에 맞는 인재로 활동할 수 있도록 영어는 모국어 수준의 자기 언어로 습득하고 중국어와 스페인어 등의 제 3외국어를 비즈니스 언어로 배우고 있다. 　또한 실력 이전에 올바른 인성을 먼저 갖추어져야 한다는 교육이념 하에 재학생은 전원 인간관계형성을 위한 기숙사 생활을 하며, 학사일정에는 영성교육을 위한 프로그램이 필수로 배치돼 있다. 매일 새벽기도로 하루 일과를 시작하는 것은 물론, 주 1~2회 성경학습시간을 따로 마련하고, 영어예배, 영성특강, 부흥회, 각 분야별 전문가 특강 등을 실시하여 자신의 삶을 투명하고 건강하게 경영하며 국제적인 매너와 인간관계 능력을 발휘할 수 있는 21세기형 인재로 성장할 수 있도록 교육하고 있다.

입학안내

– 입학방법: 입학원서 및 서류 제출, 면접, 선발캠프

– 입학자격:

1) 기독교인 또는 기독교 신앙을 갖고 있는 자

2) 글로벌 리더로서의 포부가 있는 자

3) 공동체 생활 및 기숙사 생활을 적극적으로 수용하는 자

4) 학습장애, 인격장애가 없는 자

5) 정규학교, 대안학교, 홈스쿨링, 외국학교에 재학 중인 자

6) 문화예능지원자(음악, 택권도)와 웰빙반(아토피, 체질개선) 지원자

7) 특별전형: 목회자, 선교사, 교직원, 군경 및 소방 공무원 자녀와 영어권 교환학생, 농어촌 도서벽지 학생, 선교사추천 외국인을 대상

26. 꿈의 학교 – 초[18) 중 고 기숙 CO

www.dreamschool.or.kr 충남 서산시 대산읍 영탑리

041-681-3411

학생 수	정교사	공간의 특징
230	42	학교건물

설립이념 및 교육목표

운영주체인 국제사랑의 봉사단의 설립이념을 이어받아, 모든 인간은 하나님의 형상이며 사랑을 받아야 할 고귀한 존재라는 성경진리에 입각해서 그리스도의 사랑으로 인류를 섬기며 세상을 변화시킬 수 있는 지도자를 양육한다.

교육목표

1. 훌륭한 인성 함양을 위한 인격교육
2. 하나님의 뜻에 목표를 둔 비전교육
3. 인류의 문제를 해결할 수 있는 실력교육
4. 섬김을 통해 세상을 이끌어 갈 수 있는 지도력교육
5. 다원화 사회에서 더불어 살 수 있는 공동생활교육

---

18) 초등학교는 6학년만 운영

교육과정

특징			기독교 영성을 바탕으로 한 교육과정 학습자의 자율성을 신장하기 위한 학생중심의 교육과정 학교, 교원, 학생, 학부모가 함께 실현해 가는 교육과정 7가지 전인성을 계발하기 위한 교육과정 삶과 교육을 일치시키기 위한 교육과정	
교과	인격 형성	생활교과	영성학습/ 청결학습/ 깨달음 학습/ 식사학습	
		재능교과	특별활동/ 학생자치활동/ 음악/ 미술/ 체육/ 영화 감상/ 태권도	
	실력 형성	기초교과	국어/ 영어/ 중국어/ 수학/ 과학/ 사회	
		재량활동	자기주도학습/ 보충학습/ 시청각학습/ 컴퓨터생활	
		체험활동	사랑의 봉사단 활동/ 해외어학연수/ 국토사랑행진 / 지도력훈련	
	비전 형성	특성화 교과	독서학습	통합적 독서(주제별, 교과별, 영역별)
			논문	성경연구-학습법-리더십연구-자서전-주 제논문-졸업논문
			초청토론	

입학안내

- 입학방법: 입학원서 및 서류 제출, 학부모 면접, 시험(국, 영, 수, 독 서), 선발캠프
- 입학자격

  특별전형: 선교사 및 목회자 자녀

27. 천안대안학교 - 중 ○ CH

www.school1388.com 충남 천안시

041-578-1388 위탁형 대안학교

학생 수	정교사	공간의 특징
60	4	교회건물

설립이념 및 교육목표

가출한 청소년들의 보호 및 숙식 제공을 하고 있는 천안청소년쉼터에서 아이들과 함께 생활하면서 느낀 것은 건강한 청소년으로 이끌어 나가기 위해서는 비전과 자신감을 심어 주어야 한다는 것이었습니다. 그러기 위해서는 현재 어려움을 겪고 있는 청소년들에게 어떻게 해서라도 공부만은 계속 시켜야 하겠다는 생각을 가지게 되었습니다. 여러 가지 상황으로 인하여 공부를 중도에 포기한 청소년들이 좀 더 성장하여 지식과 학력이 필요하다고 느꼈을 때, 대안 교육이 성공적인 삶을 향한 디딤돌이 될 수 있는 최소한의 도움이 되리라 생각합니다. 열심히 가르쳐서 청소년들이 후회하거나 좌절하지 않고 마음껏 꿈을 펼칠 수 있도록 도와주고 싶습니다. 주 안에서 사랑으로 모두를 보듬고 나가겠습니다.

교육목표

기독교 정신으로 비전과 자신감을 가지고 21세기를 이끌어 갈 지, 덕, 체를 겸비한 차세대 일꾼들로 건강하게 키우겠습니다.

교육과정

특 징	- 국민공통기본교과 - 개인별 학습 능력에 따른 수준별 학습 및 심화학습 - 실습과 토론 위주의 체험학습 - 체육, 문화, 야외, 봉사 활동 - 집단상담	
교 과	국어/ 영어/ 수학/ 과학/ 사회/ 음악/ 미술/ 토론/ 생활한문/ 미디어/ 프로젝트 학습/ 종이접기/ 대인관계/ 인간과 사회/ 생활영어/ 합창/ 독서산책/ 댄스 스포츠/ 종교	
	체육활동	인라인 배우기, 배드민턴, 자전거, 볼링, 농구 등
	야외활동	등산, 유적지 탐방, 래프팅 등
	문화활동	영화, 연극, 비디오 감상, 음악 감상 등
	봉사활동	아산 장애인 복지관 주간보호센터 방문(첫 주, 셋째 주 월요일)
	캠프 및 수련회	하계 - 수련회, 동계 - 병영체험 및 캠프(일정은 추후 공지)

입학안내

- 입학방법: 학생 학부모 상담 → 학생 학부모 위탁교육 신청 (1. 위탁교육 신청서/ 2. 입학 동의서 제출) → 소속 학교에서 위탁교육여부 결정 → 소속 학교에서 위탁기관으로 자료 송부 (1. 위탁교육 추천서/ 2. 학교생활기록부 사본 1부/ 3. 건강기록부 사본 1부) → 위탁기관으로 등교, 준비적응 교육 → 위탁교육 수탁 통지서 발급(매월 1일 또는 15일) → 위탁교육 시작
- 입학자격: 충청남도 관내 중학생으로 학교 부적응 학생

28. 늘푸른 국제학교 – 중 고 혼합 PE

www.egis.or.kr 충북 청원군 미원면 운암리

043-222-9119

학생 수	정교사	공간의 특징
65	17	학교건물

설립이념 및 교육목표

국가와 세계의 미래를 결정할 영성과 인성, 지성을 겸비한 지도자를 양육한다.

교육과정

특징		
	영성 학습	1. 성경을 바탕으로 한 영성 교육을 통해 학생들의 신앙성장을 도모 2. 기독교 세계관교육에 큰 비중을 두며 행동하는 신앙인으로 이끄는 프로그램 진행
	생활 학습	1. 질서와 예의를 존중하는 정직하고 성실한 사람으로 훈련하기 위해 예절 교육, 기독교 기본 생활훈련, 공동체 훈련 등을 정기적으로 또는 교육적으로 필요하다고 판단될 때 실시 2. 학생들의 인성과 재능을 계발하기 위하여 자연배우기, 봉사활동, 기술연마, 극기훈련 등 실시
	지식 학습	1. 개인 튜터링 시스템 2. 수준별 학업 : 영어, 수학 3. 차별화된 독서프로그램 : 매학기 추천도서 외에 5권 이상 읽고 독서보고서 제출
	학부	1. IT학부 : 멀티미디어 전공- 동영상 편집, 플래시 제작, 게임 제작과정 2. 국제개발학부 : 모든 과정을 국제학교 시스템에 맞추어 영어로 수업을 진행하며 2학년 1학기부터 국제개발학과와

<table>
<tr><td rowspan="2">특
징</td><td>학부</td><td>영어과로 나뉘어 진행한다.
국제개발학과는 수학, 영어, 과학, 체육, 음악, 미술 외에 사회과목을 집중교육한다. 사회과목은 1학기에 사회이론의 교육과목을 이수하고, 졸업 전에는 국제개발기구나 NGO단체에서 인턴십 과정을 거치게 된다.
영어과는 해외대학에 진학하고자 하는 학생들을 위한 프로그램을 제공하고, 구체적으로 기초 영미문학을 공부할 뿐 아니라 실용 영어까지 다양한 과정의 영어를 공부하게 된다.</td></tr>
<tr><td colspan="2">3. ESL : 국제학부의 영어수업을 듣기 위한 예비과정</td></tr>
</table>

입학안내

- 입학방법: 입학원서 및 서류 제출, 학생과 학부모 면접, 선발캠프, 시험
- 입학자격:

  1) 지원학생의 부모와 지원자 본인 모두 그리스도인으로 기독교 정통 교단에 속한 교회에 출석

  2) 품행이 단정하고 본 학교의 교육철학과 방침에 적극 찬성하는 자

29. 사사학교 – 중 고 기숙 PE

www.sasaleader.org 충남 금산군 남일면 신정리

041-751-4491

학생 수	정교사	공간의 특징
70	13	학교건물

설립이념 및 교육목표

하나님이 이 시대에 사사와 같은 지도자로 보낸 사람들을 찾고, 이들을 미래의 지도자로 키우고 세워서 세상에 보내어 각 분야의 참 지도자로서 활동케 하여 하나님의 뜻과 하나님의 나라를 이루고자 함이다.

교육원리

사사교육헌장(STATEMENT OF SASA EDUCATION)에 따라 우리들은 하나님 사람들을 찾아 통전적인 "바로 그 인간"을 세우고자 한다. "바로 그 인간"은 하나님이 창조하신 인간의 구조 및 구성 요소에 따라 靈-聖, 愛, 德, 智, 情, 美, 建-體의 일곱 가치를 건강하게 지녀야 한다. 이러한 사람은 "하나님-세계-인간"과 관계적인 사람을 말한다. 하나님(1-3), 세계(4-6), 인간(7-10), 사명과 고백(11-12)의 열두 가지 사사교육원리(THE PRINCIPLES OF SASA EDUCATION)를 통하여 이 시대의 "士師"(사사)로 세우고자 한다.

교육과정

<table>
<tr><td rowspan="8">교
과</td><td colspan="2">7가지 가치관을 올바로 세울 수 있는 교육과정으로 이루어져 있으며,</td></tr>
<tr><td>성(聖)</td><td>워쉽, 성경통독, 말씀묵상, 성경개관, 성경해석, 교회사 개관, 성경 배경사, 구약개론, 신약개론 등</td></tr>
<tr><td>애(愛)</td><td>현장-사랑, 사랑 실천, 사랑학(인물), 사랑학(일반), 관계-나눔학습 등</td></tr>
<tr><td>덕(德)</td><td>멘토학습, 기독세계관, 사사란, 우리는 하나, 가치관 분석 등</td></tr>
<tr><td>지(知,智)</td><td>논문학습, 사사학습론, 사사과제학습, 역사, 철학, 문학, 문화, 산업·경제, 지구·천체, 운동·물리, 인체·생물, 화학, 수학, 영어(Reading, Conversation, 기초 생활 영어 - 300, Vocabulary, 영어일기), 중국어, 한문, 헬라어, 라틴어, 독일어, 불어 등</td></tr>
<tr><td>정(情)-
미(美)</td><td>악기, 합창, 소묘, 감성, 감상학습, 표현학습, 미술사 등</td></tr>
<tr><td>체(體)</td><td>정통무예(18기), 협동운동, 기초체력, 건강학, 10km 마라톤 등</td></tr>
</table>

입학안내

- 입학방법: 입학원서 및 서류 제출, 선발캠프
- 입학자격:

1) 신실한 기독교 가정의 그리스도인으로서 사사학교에서 사사(士師) 가 되고자 하는 열정을 가지고 사사학습과 사사학교생활에 최선을 다할 수 있는 자

2) 초등학교졸업예정자 혹은 이와 같거나 이상인 학생

3) <사사리더스쿨> 재학생으로 사사초등과정 수료예정인 학생

4) <사사독서스쿨> 재학생으로 사사초등과정 수료예정인 학생

5) <사사SBC과정>을 이수하여 특례편입학 <지원자격>이 있는 학생

30. 청주 중고등성경학교 - 중 고 CH

cafe.daum.net/cj1318school 청주시 흥덕구 사창동 302-5, 3층
043-273-0675

학생 수	정교사	공간의 특징
미응답	2	교회건물

설립이념 및 교육목표

학교 부적응 청소년과 기타 부득이한 사정으로 학업을 중도 포기한 청소년들의 고충을 이해하고 사회생활에 필요한 기초지식습득을 위한 기본 교과목과 성경을 교육하여 바른 가치관과 정체성을 확립하고 성실한 생활습관을 익히는 교육으로 사회의 건전한 구성원으로 성장시키는데 그 목적과 취지가 있습니다.

교훈

새로운 사람이 되자
- 새로운 생각
- 새로운 결단
- 새로운 생활

교육과정

교 과	수업과목	검정고시 준비 국어/ 영어/ 수학/ 사회/ 과학/ 성경
	프로그램	- 예절교육 - 분노조절 - 공동체 훈련(캠프) - 영성훈련 - 실용음악 - 축구교실 - 시네마교실 - 기타 청소년에게 유익한 프로그램
	심리검사	M.M.P.I / M.B.T.I

입학안내

- 입학방법: 입학원서 및 서류 제출, 면접
- 입학자격:

1) 기독교교육이념에 동의하고 교육활동에 적극적으로 참여할 수 있는 청소년이면 누구나 입학할 수 있음.

2) 장학제도: 외국인(이주노동자)의 자녀, 새터민(탈북)청소년, 탈가정 청소년 및 가정 형편이 어려운 청소년, 평화인권운동가의 자녀, 통일운동 및 민주화운동가의 자녀, 목회자 자녀

31. 공동체비전고등학교 - 고 ○ 기숙 CO

www.vision.hs.kr 충남 서천군 태월리

041-953-6292 특성화고등학교

학생 수	정교사	공간의 특징
120	18	학교건물

설립이념 및 교육목표

"비전이 없는 백성은 망한다."는 성경의 가르침 아래 기독교 개혁신앙 공동체적 비전을 가슴에 품고 세계 어디에서나 그 고귀한 뜻을 나누며 손에 손을 잡고 헌신적으로 일하는 열린 민주시민을 양성한다.

1. 기독교 정신 함양 – 성경적 가치관의 정립을 통해 진리, 사랑, 봉사의 삶을 살 수 있게 한다.
2. 전인적 발달 도모 – 영성, 인성, 지성 및 자연친화 교육을 통해 전인적 발달을 도모케 한다.
3. 공동체 생활 체득 – 공동의 학습, 노작, 생활, 여행을 통해 공동체 의식과 삶에 익숙케 한다.
4. 자아실현 역량 확보 – 전문 지식과 기능의 연마를 통해 삶의 현장에서 자아를 실현케 한다.

교육과정

특징		
	독서 학습	교양과 전문서적을 위주로 필독서를 지정하여 책을 읽고 이해하는 방법으로부터 저자와 내용에 대한 실제적인 비평과 더불어 자신의 것으로 표현할 수 있는 능력향상을 목표로 현재 학기 중 매주 한 권의 책을 읽으면서 매일 첫 교시엔 이를 토론하고, 매주 월요일엔 이를 발표하고 있다.
	해외 탐방	주제가 있는 해외탐방을 통하여 외국을 알고 세계를 향한 비전을 품게 하는 현장교육으로 현재 중국을 중심으로 탐방을 실시하고 있다. 해외탐방을 통해 국제적 감각을 가지고 자신의 꿈을 키워가도록 한다.
	태권도	태권도를 통하여 자신의 건강을 지켜가고, 집중력을 향상시켜 학습 능력을 키우며, 자신의 체력을 운용할 수 있는 능력을 가지게 하는 교육으로 현재 전체 교사와 학생이 참여한다.
	비전 합창	비전 공동체 전체 교사와 학생으로 구성된 비전 합창단은 진정한 찬양과 경배의 삶을 살아가게 하고, 특히 국내 교회와 해외 순회 찬양과 경배의 삶, 그리고 나누는 삶을 실천하고 있다.
	노작 실습	자연을 외면하는 사회에 대한 적응에 빠른 사회에서 자연의 이치를 통하여 하나님을 발견하고 노작실습을 통하여 생명의 소중함과 땀 흘림의 가치를 느끼게 하는 학습으로 학교 농장을 중심으로 이루어지고 있다.
	산악 등반	지리산을 중심으로 실시되는 산악등반을 통하여 자연과 더불은 자신의 모습을 발견하고, 이를 통해 냉철한 자기 성찰과 자신의 체력의 한계에 도전하는 적극적인 체험학습이다.
	비전 축제	매주 채플을 통한 신앙훈련, 기숙사 생활, 동아리 활동, 영화 제작, 역사 문화 탐방, 문학시간을 통한 자기 발전, 여러 개인별 혹은 단체 봉사활동 등 한 해 동안의 개인별 기량을 드러내게 하는 성장 교육

입학안내

- 입학방법: 입학원서 및 서류 제출, 기초 학력 시험, 신앙수련회, 면접

32. 벨국제학교 – 고 기숙 PE

www.bellschool.or.kr 충남 논산시 대덕면

041-733-6514, 5

학생 수	정교사	공간의 특징
50	32	교회건물

설립이념 및 교육목표

1. 성경에 기초를 둔 세계관을 지닌 그리스도의 제자를 기른다(교육의 정체성)
2. 5차원 전면 교육을 통하여 전인적인 리더를 기른다(능력 있는 사람)
3. 부모의 마음을 지닌 사랑으로 교육하여 행복한 사람을 기른다(사랑을 실천하는 사람)
4. 외국과의 교류를 통하여 국제적인 감각을 지닌 사람을 육성한다(열방을 품는 사람)
5. 교육개발원 운영으로 전문 교육활동을 도모한다(선진 교육 환경 조성)

교육과정

<table>
<tr><td colspan="2">5차원 성경적 교육을 통해 심력, 지력, 체력, 자기관리, 인간관계 능력들을 양성, 학생들이 각자의 달란트를 최대한 발휘할 수 있도록 지도</td></tr>
<tr><td rowspan="4">특징</td><td rowspan="3">심력인</td><td>생의 목표, 가치관: 삶의 목표 확립. 사회를 호흡하는 반응력(매일 3분 묵상 실천하기)</td></tr>
<tr><td>풍부한 정서력: 1인 1악기 다루기(의무화)</td></tr>
<tr><td>남 중심의 삶: 지식을 내면화하여 나의 것으로</td></tr>
<tr><td>지력인</td><td>지식이 아닌 지혜 위주의 학습, 판단력과 결단력: 국어 공부와 정보처리 능력(속해 독서법과 글 분석법 익히기)</td></tr>
</table>

	지력인	종합능력: 역사 공부와 전체를 보고 부분을 이해하는 능력 추상적 개념의 구체화 능력: 수학 공부와 추상적 개념의 구체화 능력, 영어 공부와 외국어 능력 자연 세계의 이해: 과학 공부와 자연세계 이해
특 징	체력인	건강의 다섯 가지 핵심원칙 이해, 바른 자세를 위한 효과적인 척추 운동법, 부드러운 몸을 위한 관절운동, 튼튼한 오관 만들기, 잘 배설하는 능력, 깊이 숙면하기, 효과적으로 5차원 건강법을 실시하는 방법, 바른 삶을 실천할 수 있는 힘 : 1인 1운동하기(의무화)
	자기 관리 능력인	시간 관리, 재정 관리, 언어 관리, 태도 관리, 진정한 적성을 찾는 법
	인간 관계 능력인	모든 인간관계의 기본원리를 배운다(나와나). 성공적인 가족 관계의 원리를 배운다(나와 가족). 다른 사람을 사랑하는 방법을 배운다(나와 동료). '진정한 남'을 위해 봉사할 수 있는 힘을 기른다(나와 사회). 세계를 품은 Diamond-collar의 인간 양성
교 과		국어/ 영어/ 수학/ 국사/ 사회/ 과학/ 중국어/ 정보·컴퓨터/ 체육/ 음악/ 미술/ 5차원(지력)/ 5차원(심력)/ 5차원(체력)/ 5차원(자기관리)/ 5차원(인간관계)

<입학안내>

- 입학방법: 입학원서 및 서류 제출, 학생과 학부모 면접, 수학능력검사
　　　　　(국, 영, 수, 5차원 전면 교육 학습법)

- 입학자격:

　특별전형: 1) 중학교 성적이 전체 상위 30%에 속하는 학생

　　　　　　2) 해외 선교사 자녀, 국가 유공자 자녀는 정원 외 선발

33. 풀무농업고등기술학교 - 🔟 ○ 기숙 PE

www.poolmoo.or.kr 충남 홍성군 홍동면 팔괘리

041-633-3021 고등기술학교

학생 수	정교사	공간의 특징
78	13	학교건물

설립이념 및 교육목표

성서의 진리 위에 학원을 세우고자 백년 앞을 내다보고, 하나님 한 분만을 믿고 따르는 건전한 인간교육에 힘써, 예수의 말씀대로 건축자의 버린 돌이 모퉁이의 머릿돌이 되기를 염원한다.

1. 건실한 교육과 순수한 믿음을 바탕으로 위대한 평민상, 그리고 민족의 이상향을 형성하고자 한다.
2. 믿음과 교육의 이상을 같이 하는 동지, 또는 창업생이 모여 가족적 학원을 이루고자 한다.
3. 진리에 의한 인격도야와 학문의 기초훈련, 그리고 독립할 생활능력을 기르는 전인교육을 하고자 한다.
4. 농공병진으로 민주주의의 요람이 될 자치적 지역사회 건설의 모체가 되는 각종 조합 구성과 이웃을 돕는 한나장학회, 드라크마회 등, 사랑의 공동체의 내실을 기하고자 한다.
5. 동북아시아, 특히 동양 삼형제국의 친선, 나아가 세계의 평화와 교류에 이바지하고자 한다.

교육과정

특징	진리에 경손하고 인간을 존중하며 생명을 사랑하는 것을 인간형성의 기본내용으로 성서를 포함한 교양과 보통과목, 실업과목 등 전인교육 과정을 배우고 있으며, 학생 자치 활동인 학우회와 학생의 학교생활을 즐겁게 하는 동아리 활동이 활발하다.		
교과	기본 교과	국어/ 도덕/ 사회/ 국사/ 수학/ 과학/ 기술·가정/ 체육/ 음악/ 미술/ 영어	
	전문 과목	필수과목	농업이해/ 농업 기초 기술/ 농업 정보 관리
		일반/ 심화 선택 과목	원예기술 Ⅰ / 식품과학/ 작물/ 농업기계/ 농업가정/ 조경/ 재배/ 조경실습/ 축산기초실습/ 농업선택실습

입학안내

- 입학방법: 입학원서 및 서류 제출, 글쓰기, 면접
- 입학자격:

    1) 전인교육을 목표로 하는 본교에서 재학기간 동안 학교에서 정한
       학생 서약을 지키고 3년 동안 생활관 생활을 할 수 있는 사람
    2) 지역학생과 농가 자녀를 대상으로 특별전형 실시

IV. 전략

34. 예뜨랑 국제학교 – 초 중 고 기숙 PE

www.yettrang.org 전남 무안군 삼향면 왕산리 금동

061-281-4052

학생 수	정교사	공간의 특징
24	6	학교건물

설립이념 및 교육목표

진리_ 모든 학문과 삶의 궁극적 추구는 진리 탐구이다. 삶을 가치 있게 하고 소중하게 하는 그것은 흔들리지 않고 시대의 변화와 무관한 생명의 진리이다.

자유_ 진리는 자유케 하는 힘이 있다. 따라서 진리 탐구는 자유함 안에서 이루어져야 하고 진리 외에 그 자유를 제약하는 것은 없어야 한다.

사랑_

교육과정

특징	**영어수업**	- School of Tomorrow(SOT) 교재와 Alpha Omega의 Switched-on Schoolhouse(SOS)를 주교재로 사용하며, 영어가 필요치 않은 과목을 제외하고 전 과목을 영어로 수업 - SOT는 성경적 가르침을 교육에 도입·접목시킨 프로그램으로 30여 년간 135개국의 7,000여 학교와 홈스쿨링 가정에서 사용

특징		- 자율적으로 개인의 성취도에 따른 개별 교육 시스템. 진단 Diagnostic Test 후 본인의 실력 수준부터 공부를 시작 - 1~12학년까지(초등학교 1학년~고등학교 3학년까지)의 해당과목을 영어 원문 교재를 사용하여 공부
	한국어	한국어 교과목 수업은 국내 고등학교나 대학교 진학을 원하는 학생들이 고입 검정고시 필수 및 선택과목을 공부할 수 있도록 한다.
	제2 외국어	모든 학생들이 중학교 때부터 제2외국어 및 고전어를 공부(German, Japanese, Chinese, Spanish, French; Greek, Latin, Hebrew etc.)
	체험 학습	미술, 악기 연주, 택견, 서예, 독서토론 모임 정기적인 봉사활동, 체육 교육, 국내외 견학을 실시
교과		Mathematics, English, Science, Social Studies, Word Building 검정고시 필수: 국어, 수학, 과학, 사회, 영어 검정고시 선택: 도덕, 기술, 가정, 체육, 음악 중 1과목

입학안내

- 입학방법: 입학원서 및 서류 제출, 예비학교(1주일)

35. 굼나제 청소년학교 – 중 고 혼합 PE

www.goomnaje.com 전주시 덕진구 여의동

063-211-1318

학생 수	정교사	공간의 특징
20	6	학교건물

설립이념 및 교육목표
- 개인화, 다양화, 전문화의 두드러진 시대에 따른 기존교육 제도에 적
  응하지 못하는 청소년들을 위한 대안교육을 실시코자 한다.
- 시대적 요구에 적절하고 신속하면서 저비용 고효율의 교육을 하기 위
  함이다.
- 진정한 그리스도인의 참모습을 보여 주고자 한다.

교훈
시대를 이끄는 참된 그릇이 되라

교육이념
기독교 정신을 바탕으로 시대적 요구에 합당한 모범적이고 실력 있는
일꾼을 길러낸다.
- 예수 그리스도를 사랑하는 사람(신앙인)
- 세상에서 모범 된 사람(덕성인)
- 각 분야에서 꼭 필요한 사람(전문인)

교육과정

교과	필수 과목	사랑하기, 하나님과 나 그리고 세상, 독서, 해외체험, 컴퓨터, 하나님나라 배우기, 이미지메이킹, 한자, 영어회화, 달란트교육	
		독서	매주 독후감 발표와 토론, 매주 한 학기 문학 작품 발표
		영어와 컴퓨터	실용화 단계까지 체계적 교육
		달란트 교육	전문적인 외부 교육 자원을 활용한 현장·체험 교육
	국정 교과	국어, 영어, 수학, 사회, 과학, 국사, 선택	
	특별 활동	스포츠, 특강, 영화, 댄스, 현장체험 등	

입학안내

- 입학방법: 입학원서 및 서류 제출(학교 소감문)
- 입학자격:

  1) 학교의 교육에 전적으로 따르고 배우겠다는 의지가 있는 학생

  2) 중도탈락이나 부적응 학생 중심

36. 진솔대안학교 – 중 고 기숙 PE

user.chollian.net/~jeansol 전북 진안군 주천면 대불리

063-432-6890

학생 수	정교사	공간의 특징
70	8	학교건물

설립이념 및 교육목표

"여호와를 경외함으로 빛과 소금의 사명을 다하는 인간이 되자."

진솔대안학교는 기독교인으로서의 삶을 실천하며 이웃과 사회에 기여하는 전문인 양성이라는 이념 아래 모든 인간은 소중하며, 그 스스로 존재가치를 지니고 있으며 하나님은 어떠한 인간에게든지 한 가지 이상의 능력을 주셨기에 이를 계발, 신장시켜 이웃과 사회에 봉사하는 인간으로 육성하는 일에 교사 1인이 전도자의 사명을 갖고 사랑을 실천하고 헌신하는 교육을 행하고자 한다.

교육목표

1. 하나님의 사람으로 자라나며 남에게 사랑을 베푸는 사람
2. 공동체생활을 통해서 자신과 타인에게 예절을 지키는 사람
3. 노작교육을 통한 땀 흘림의 가치와 노동의 신성함을 아는 사람
4. 자연 친화적인 교육을 통한 자연의 소중함을 아는 사람
5. 극기교육을 통하여 자신을 다스리며 내일을 준비하는 사람

교육과정

특징	**1년차 (인성 교육기)**	하나님 섬기는 법을 배우고, 효도를 통한 공동체성, 그리고 그리스도 예수님의 나눔과 섬김, 희생을 배우며, 나를 지으신 분의 목적에 순종하여 실력을 쌓기를 다짐하는 모든 교육을 한다. 또한 절제와 경건의 훈련을 통해 자기를 이기는 법을 아울러 배우며 기숙사 생활을 통해 형제애를 확인하고 양보와 타협, 토론과 주장, 절충과 설득을 배운다.
	2년차 (적성 발견기)	체험학습과 공동체생활, 신앙교육 등 여러 가지 학교교육을 통해서 자신의 잠재력을 발견해 가는 시기이다. 하나님께서 주신 능력과 소질을 발견하면서 자신의 미래를 그려가는 시기로 자아정체성을 확립하고 내일을 설계하도록 동기부여를 할 것이다.
	3년차 (적성 실현기)	자신의 미래를 위해서 구체적으로 준비하는 시기로 자신의 적성에 따라 진학과 취업을 준비하는 시기이다. 학생들의 삶의 모습이 좌우되는 시기이므로 각자의 진로에 따라 교사는 최선을 다해서 도울 것이다.
	신앙교육	기도와 말씀으로 하루를 시작(찬양, 말씀 집회 참석)
	자연 체험학습	이 주일에 2번 정도 등산을 통해서 자연을 경험, 농업시간에 농사를 배우거나 노동을 하고 농번기에는 이웃에 계신 분을 도움
	노동중시 교육	작업시간을 마련해 열심히 일하는 습관을 들임
	사회성 교육	학생과 선생님이 함께 기숙사에서 생활함
	신체단련 훈련	아침 체조로 하루를 시작, 일주일에 4시간 이상 체육
	건강한 사회인 육성	다양한 프로그램을 통해 서로의 마음을 여는 시간
	학과공부	과목은 일반 중학교 교과목과 같음. 반 편성은 학생의 학력수준과 나이를 고려해 구성

입학안내

- 입학방법: 입학원서 및 서류 제출, 학생과 학부모 면접, 예비학교

37. 광주 동명고등학교 – 고 ○ 혼합 CH

www.kdm.hs.kr 광주시 광산구 서봉동

062-943-2855 특성화고등학교

학생 수	정교사	공간의 특징
120	17	학교건물

설립이념 및 교육목표

– 기독교 정신으로 인성교육

– 자연친화적 교육으로 자아실현

교훈

믿음(FAITH) = FAmily + I + Truth + Heaven

교육목표

1. 이웃 사랑(Family) : 가족과 이웃의 소중함을 알고 사랑하는 사람

   "네 부모를 공경하라 네 이웃을 네 자신과 같이 사랑하라 하신 것이

   니라" (마 19:19)

2. 나 사랑(I) : 참된 나를 찾고 인성과 지성을 갖춘 조화로운 사람

   "사람이 만일 온 천하를 얻고도 자기 목숨을 잃으면 무엇이 유

   익하리요"(막 8:36)

3. 진리 사랑(Truth) : 올바른 지식을 배우고 실천하는 지혜로운 사람

   "진리를 알지니 진리가 너희를 자유롭게 하리라"(요 8:32)

4. 하나님 사랑(Heaven) : 창조의 사명을 깨닫고 하나님을 섬기는 사람

"너는 마음을 다하고 뜻을 다하고 힘을 다하여 네 하나님 여호
와를 사랑하라"(신 6:5)

교육과정

특징		- 특색사업: 멘토링 프로그램- 학생들의 인성 변화와 자신을 향한 하나님의 비전을 발견하고 자기 성장과 지식을 쌓을 수 있도록 돕는 효과적인 프로그램이다. - 말씀묵상과 채플시간, 자연과 가까이 하는 다양한 야외활동, 독서와 글쓰기의 생활화, 전체 회의시간인 동명 가족회의 등의 운영을 통해 성경 말씀 속에서 민주적 시민으로 성장할 수 있는 다양한 교육과정을 편성하고 있다. - 선택 중심 교육과정 편성
과목	**국민공통 기본교과**	국어, 도덕, 사회(국사), 수학, 과학, 기술·가정, 체육, 음악, 미술, 영어
	특성화 필수과목	농업이해, 배드민턴, 미술이론, 컴퓨터와 음악, 문화초대석, 생활원예, 한국요리, 숲과 인간
	특성화 선택과목	컴퓨터 그래픽, 프로그래밍 실무
	재량활동	심화 보충(농업의 이해, 미술이론), 선택과목(진로와 직업), 창의적 재량활동

입학안내

- 입학방법: 입학원서 및 서류 제출, 학생과 학부모 면접, 기초학력테스트, 산책 면접, 적성 검사
- 입학자격

　특별전형: 특례입학자, 국가 유공자는 정원 외 선발

38. 세인고등학교 – 교 ○ 기숙 CO

www.seine.hs.kr 전북 완주군 화산면 운산리

063-261-0077 특성화고등학교

학생 수	정교사	공간의 특징
160	17	교회건물

설립이념 및 교육목표

세인고등학교는 기독교학교로 교육 기본 방향은, 대한민국의 국민으로서 진리·사랑·순종으로 국민의 권리와 의무를 다하여 국가 발전과 인류 공영에 이바지할 세계인을 기르는데 역점을 두고 있습니다. 그리고 교육은 5차원 전면 교육인 지력, 심력, 체력, 자기관리 능력, 인간관계능력 등의 5가지 기본능력을 전반적으로 교육하여, 학생들이 타고난 소질과 재능(Talent)을 최대한 신장시켜, 21세기를 주도할 다이아몬드 칼라(Diamond-Collar)의 세계인으로 기르고 있습니다.

교육이념

기독교 정신으로 미래를 준비하는 사람을 길러냄

1. 진리 안에 깨어 있는 자
2. 이웃을 사랑하고 봉사할 수 있는 자
3. 자신의 달란트를 최대로 발휘하는 자

교육과정

<table>
<tr><td rowspan="6">특
징</td><td>5차원
전면교육 운영</td><td>심력, 지력, 체력, 자기관, 인간관계 능력을 극대화시켜 전인적인 인간으로 행복한 삶을 누리도록 교육한다.</td></tr>
<tr><td>학생중심의
교육과정 운영</td><td>교육의 세 단계, 즉 선포하는 것(원리를 알려주는 것), 가르치는 것(실천 가능한 커리큘럼을 개발하고 훈련하는 것), 치유(삶의 방향이나 행동의 변화가 생기는 것) 등을 교사가 학생들과 함께 실행한다.</td></tr>
<tr><td>교육, 생산,
생활을
함께하는
공동체 구성</td><td>황폐화, 퇴폐화, 비인간화 되어가는 학생들의 생활문화를 종식하고 공동생활을 통하여 긍정적 자아개념과 공동체 의식함양으로 바른 가치관을 지닌 민주시민의 자질을 기른다.</td></tr>
<tr><td>학생의
재능(달란트)
계발 프로그램
운영</td><td>다양성에 바탕을 둔 열린교육 실천으로 학습자의 자기주도적 학습 능력을 배양하고 학생의 개성과 특기를 살리는 평가를 지향하여 창의력 배양에 힘쓴다.</td></tr>
<tr><td colspan="2">가정과 지역사회와의 연계</td></tr>
<tr><td>사랑, 규율,
자율교육</td><td>학생의 상처를 치유하고 체계적인 규율을 알게 하며 자율적인 인간으로 자라게 한다.</td></tr>
<tr><td rowspan="3">교
과</td><td>국민공통
기본교과</td><td>국어, 도덕, 사회, 국사, 수학, 과학, 기술가정, 체육, 음악, 미술, 영어</td></tr>
<tr><td>특성화교과</td><td>심력훈련, 인간관계훈련, 자기관리훈련, 영화개론, 글쓰기, 해외탐방, 테마학습, 산악등반, 태권도, 단체노작</td></tr>
<tr><td>재량활동</td><td>국어, 인간관계, 자기관리, 진로와 직업, 종교, 철학, 성교육, 역사문화탐방</td></tr>
</table>

입학안내

- 입학방법: 입학원서 및 서류 제출, 면접, 5차원 다면검사
- 입학자격:

  특별전형: 1) 예체능 및 영어 특기자(정원의 5%에 한하여)

  2) 해외 선교사 자녀, 도서벽지 목회자 자녀(정원의 5% 한하여)

  3) 전북지역 학생(정원의 10~20%에 한하여)

39. 푸른꿈고등학교 – 고 ○ 기숙 CO

www.purunkum.hs.kr 전북 무주군 안성면 진도리 865

063-323-2058 특성화고등학교

학생 수	정교사	공간의 특징
72	9	학교건물

설립이념 및 교육목표

인류의 위기, 교육의 위기에 대한 대안을 찾는 학교로서 생태교육을 그 대안으로 삼는다. 생명의 가치를 일깨우는 교육, 즉 생명 현상에서 삶의 원리를 깨우치고 모든 인간의 평등한 존엄성을 배우고 나아가 자연계의 모든 생명의 소중함을 발견하며 인간과 인간, 자연과 인간이 공동체임을 인식하여 함께 살아갈 수 있는 교육을 실현하고자 한다.

'푸른꿈 고등학교'의 새로운 교육은 생태, 생활, 문화 교육을 포함한다.
'푸른꿈 고등학교'의 새로운 교육은 평등, 평화 교육을 지향한다.
'푸른꿈 고등학교'의 새로운 교육은 주체, 자율 교육을 지향한다.

교육과정

교과	국민공통 기본교과	국어, 도덕, 국사, 사회, 과학, 기술가정, 체육, 음악, 미술, 영어
	특성화 교과	자연체험, 생태입문(텃밭가꾸기), 생활기술(도자기공예, 죽물공예, 옷 만들기, 제과제빵, 생활의학, 생태건축, 생태농업, 한지공예, 생활요리, 천연염색 등)

입학안내

- 입학방법: 입학원서 및 서류 제출, 면접, 글쓰기
- 입학자격:

  1) 본교의 교육이념과 방침에 동의하는 자(생태적 삶을 적극적으로
     실천할 의지가 있는 자)

  2) 특별전형: 전북지역 출신 학생(정원의 30% 이내), 저소득층 자녀
     (정원의 10%이내) 우선 선발

40. 한빛고등학교 - 고 ○ 기숙 CO

www.hanbitschool.net 전남 담양군 대전면 행성리

061-383-8340 특성화고등학교

학생 수	정교사	공간의 특징
159	17	학교건물

설립이념 및 교육목표

오늘날 우리 사회는 지식화와 정보화, 그리고 세계화로 크게 변화하고 있다. 따라서 우리의 교육도 입시 교육에서 인성과 소질 계발 교육으로, 공급자 교육에서 수요자 교육으로, 획일화 교육에서 다양화 교육으로 바뀌어야 한다.

이에, 학교법인 거이학원은 기독교 정신을 바탕으로 한 참사람 교육을 목표로 자율적이고 창의적인 학생 중심의 교육과정을 편성·운영하며, 학생의 적성과 능력에 알맞은 수준별 · 단계별 교수-학습의 방법으로 머리에는 학문을, 가슴에는 덕성을, 손에는 노작을 키우고 익히며, 자연 현장 실습 등 체험 위주의 교육을 지향하는 특성화 한빛고등학교를 설립하여, 하나님사랑 · 이웃사랑 · 자연사랑의 교육이념을 실현하고자 한다.

따라서 자율학교 한빛고등학교는 스스로 판단하여 행동하고, 자기 주도적으로 학습할 수 있는 학생을, 그리고 더불어 사는 공동체 생활(전원 기숙사 생활) 속에서 민주시민의 자질을 함양하며, 희생과 봉사 정신을 발휘하여 올바른 삶의 의미와 보람을 함께 나눌 수 있는 건실한 학생을 길러냄으로써 자아실현은 물론, 세계 평화와 인류 행복에 이바지하고자 한다.

교육과정

특징		한빛고의 교육 과정을 만들기 위해서 교사들은 세 가지 측면에서 접근한다. 지식적 관점, 감성적 관점, 자립적 관점이다. 감성적 측면은 교육과정의 특성화 교과로 집약되고 있는데, 그 교과로 문예창작, 생활예술, 생활기술, 인간과 환경 등이 속한다. 필수적으로 배워야 하는 과목들도 있지만, 생활예술과 생활기술, 그리고 인간과 환경 등은 학생 스스로 원하는 내용을 선택해서 배우게 되어 있다. 학생들의 자발성을 존중하려는 의도가 반영되어 있는데, 효율성 측면에서는 부정적일 수 있지만 교육의 측면에서는 바람직한 편성일 것이다.	
교과	**보통교과**	국어영역, 사회영역, 수학영역, 과학영역, 외국어영역(영어, 중국어), 예체능영역, 기술과정, 한문, 철학	
	특성화교과	**체험교과**	자연체험, 통일생태기행
		자립교과	생태입문(텃밭가꾸기), 생활기술(도자기공예, 죽물공예, 옷만들기, 제과제빵, 생활의학, 생태건축, 생태농업, 한지공예, 생활요리, 천연염색)
		감성교과	생활예술(가야금, 우리춤, 궁도, 서예, 퀼트, 피리, 목공예, 애니메이션, 유화, 수벽치기)
		지식교과	인간과 환경, 문예창작, 환경영어

입학안내

- 입학방법: 입학원서 및 서류 제출, 면접
- 입학자격: 타 지역출신 학생 40%, 전남지역학생 60%의 비율로 선발

V. 경상

41. 지구촌고등학교 – 🏫 ○ 기숙 CO

www.glovillhigh.org 부산시 연제구 거제1동

051-505-8656 특성화고등학교

학생 수	정교사	공간의 특징
59	10	학교건물

설립이념 및 교육목표

지구촌(글로빌)고등학교의 사명은 한국 대학을 진학하려는 재외동포청소년(선교사자녀 포함)에게 한국기독인의 정체성을 심어 주어, '하나님 나라의 시민, 세계의 청지기'로 자라도록 돕는데 있다. 본 학교는 복음적인 기독교학교로, 10학년에서 12학년의 남녀학생을 양육하는 기숙학교이다.

교훈

하나님 나라의 시민 세계의 청지기

교육과정

특징	**한국문화적응영역**	한국어를 익히고 한국 생활에 적응하며, 조국의 문화를 적극적으로 알아간다.
	수학능력계발·진로안내영역	- 한국교육기준 기초능력 계발과 기독교적 교육과정 개발 및 사용 - 성향과 소명점검, 외국어 자격인증시험 준비, 개인별 대학 입학 지도, 리더십 계발

특징	국제감각유지 및 신장 영역	외국어와 네트워크 보존 (학습언어로 계발, 특정 외국어들로 진행하는 강의 개설, 선교지 비전 트립, 비영어권 학생들을 위한 영어권 자매학교 단기영어연수)
	목양/공동체 생활 영역	진리 되신 하나님을 내 삶의 주인으로 모시며 그를 더욱 알아가고, 나와 함께 하는 이웃을 사랑하며 더불어 사는 삶을 배운다(성경공부와 예배, 1대1 멘토십(중보기도자, 전문직기독인), 기숙사 양육).
		– 설립목적과 교육목표의 실현을 힘쓰는 교육과정 – 국, 영, 수 교과의 수준별 분반 수업: 특히 영어교과의 경우는 학생들의 출신국 언어 및 영어 능력에 따라 한국영어교사가 진행하고 영어교과반과 원어민 교사가 진행하는 영어교과반(영, 미권 교육과정에 따라 진행)으로 크게 나누어진다. 영어 교과는 무학년으로 운영되기도 함(매년 다를 수 있다). – 주제별 통합수업 진행 : 매학기 1회 – 학생들의 달란트와 진로를 고려하는 교육과정을 운영한다.

입학안내

- 입학방법: 입학원서 및 서류 제출, 면접(영어 구술 포함), 글쓰기(영어, 한글)
- 입학자격:
  1) 귀국자 자녀/ 재외동포 자녀(총점: 200점, 배점비율: 100 %)
     외국의 정규학교에서 2년 이상 수학한 자(부모가 동반한 경우만 인정함)
  2) 특별전형: 해외 수학 경험이 없는 국내 중학교 출신과 해외 수학 기간이 2년 미만인 자를 선발

42. 한동국제학교 – 중 고 기숙 CO

his.handong.edu 경북 포항시 북구 흥해읍 남송리

054-260-1733

학생 수	정교사	공간의 특징
145	16	학교건물

설립이념 및 교육목표

한동국제학교는 오지에서 사역하는 선교사들의 자녀와 기독 청소년들의 교육을 도와 복음 전파에 기여하며, 학생들이 진리 안에서 성장하여 민족과 세계를 위해 봉사하고 하나님의 영광을 드러내는 사람들이 되도록 가르치고 양육한다.

교육목표

은혜를 알며 감사하는 사람이 된다.
리더십을 가진 섬기는 사람이 된다.
능력을 가진 바로 행하는 사람이 된다.

교육과정

	교육과정의 목표
특 징	1. 기독교적 교육 (Christian Education) 2. 한국적 교육 (Korean Education) 3. 세계화 교육 (International Educaion) 　조직과 운영방식은 기본적으로 미국의 기독교학교와 Christian International School의 시스템에 따르되, 한국인의 정체성 함양을

<table>
<tr><td rowspan="2">특징</td><td colspan="2">위한 교과와 활동들을 유기적으로 편성하여 운영한다. 음악, 미술을 비롯하여 국어와 한국사, 한국사회와 성경을 비롯한 한국인의 정체성과 관련된 교과는 한국어 교재와 한국어로 수업하는 것을 원칙으로 하며, 영문학, 영문법, SAT, TOEFL을 비롯하여 수학과 과학과 같은 정체성과 관련이 없는 교과는 영어로 된 교재를 가지고 영어로 공부하는 것을 원칙으로 하고 있다. 현재 한국어 교재로 진행하는 수업시수와 영어 교재로 진행하는 수업시수의 비율은 학년과 진로에 따라서 다소 다르지만 약 30:70 정도이다.</td></tr>
<tr></tr>
<tr><td rowspan="2">교과</td><td>중등</td><td>채플, 성경, 국어, 한문, 영어, 수학, 과학, 사회, 체육, 태권도, 선택과목</td></tr>
<tr><td>고등</td><td>채플, 성경, 국어, 한문, 영어, 수학, 과학, 사회, 체육, 순수예술, 공연예술</td></tr>
</table>

입학안내

- 입학방법: 입학원서 및 서류 제출, 과목 면접(국어, 수학, 영어, 인성), 학부모 면접

- 입학자격:

  1) 선교사자녀 이외의 학생에게도 일정비율 이내에서 선발

  2) 부모와 학생이 모두 기독교 개신교 신자이고(단, 이단종파에 소속된 자는 제외)

  3) 부모와 학생이 기독교교육과 한동국제학교의 교육이념에 동의해야 하고

  4) 본교의 수업을 이해할 수 있는 기본적인 능력(특히, 영어)과 학습 태도를 갖추고

  5) 신체적, 정신적 또는 학습 장애가 학교의 관리 능력 이내인 자이어야 합니다.

43. 달구벌고등학교 – 교 ○ 기숙 CO

www.dalgus.net 대구시 동구 덕곡동 75-5

053-981-1318 특성화고등학교

학생 수	정교사	공간의 특징
120	15	학교건물

설립이념 및 교육목표

기독교 정신에 입각한 '나눔과 섬김을 실천하며 더불어 사는 삶'

교육목표

달구벌고등학교는 초중등교육법 제61조 및 동법시행령 제91조와 제105조에 의거하여 자율적으로 운영하는 특성화고등학교로서, 인간의 존엄성을 소중히 여기는 인성교육, 개인의 잠재력을 계발하는 특기교육 및 나눔과 섬김을 실천하며 더불어 사는 공동체교육을 통해서 다음과 같은 교육목표를 실천하고자 한다.

주입식 교육에서 벗어난 신나는 교실

타고난 재능을 계발하는 교육시스템

스스로 꿈을 키워나가는 지혜로운 삶

교육과정

특징	본교가 설정한 교육이념과 특성화교육목표를 실천하기 위한 교육과정을 편성함에 있어서, 학생 개개인이 본인의 소질과 능력에 따라 스스로 진로 방향을 결정하고 이수 교과목의 선택폭을 최대한 넓혀 주는 학생중심의 열린교육을 실천할 수 있게 하는 데 주안점을 두었다. 다시 말하면 교육과정 편성에 "개인별 맞춤식 시간표"가 가능한 "유연한 교육과정"을 시스템적으로 보장하는 데 초점을 맞추었다.	
교과	**국민공통 기본교과**	국어, 도덕, 사회, 국사, 수학, 과학, 기술가정, 체육, 음악, 미술, 영어
	선택 교과	국어영역, 과학영역, 수학영역, 사회영역, 외국어영역, 교양(한문, 심리학 등)
	학교정체성	삶과 철학, 삶과 종교, 연구발표
	사회체험	기획탐방, 탐방심화, 인턴십
	자기계발	음식 만들기, 옷 만들기, 생태농업, 도예, 민화, 성악, 보컬, 댄스, 국악, 컴퓨터, 집단상담, 문예창작, 영화제작, 외국어회화, 태권도, 검도, 미용과 건강 등
	진로탐색	미디어연구, 특수교육, 제과제빵, 조리, 정보처리, 프라모델, 캐릭터디자인, 실무영어, 기독교개론, 생활원예, 전통건축
	진로심화	진학대비, 직업

입학안내

– 입학방법: 입학원서 및 서류 제출, 선발캠프

3장
기독교 대안학교에 대한
궁금증 풀어보기

궁금증 1
기독교 대안학교를 알고 싶어요

1. 기독교 대안학교란 무엇인가요? 미션스쿨과는 어떻게 다르죠? 특성화중고등학교는 또 뭔가요?

기독교 대안학교는 기독교적 건학이념을 가지고, 학교교육의 모든 영역 안에서 기독교적인 대안성을 추구하는 학교입니다. 공교육 제도권 안에서 교육을 하고 있는 미션스쿨은 학생선발권과 교육과정 편성권에서 자율성이 제한되어 있기 때문에 예배나 성경수업 외의 교육과정이 일반 공립학교와 큰 차이를 가지기 어렵다는 한계성이 있습니다. 이와 달리 기독교 대안학교는 현재 공교육이 가진 문제점과 한계점을 어느 정도는 극복하려는 형태로서 기독교 세계관과 기독교 교육철학을 기초로 기독교적인 대안교육을 함께 추구하는 학교의 유형이라고 볼 수 있습니다. 이러한 제도권 교육으로부터 자유로운 기독교 대안학교들은 대체로 비인가 형태의 학교로 정부의 지원금 없이 독자적으로 운영되고 있기 때문에 교육에 대한 재정적인 부담이 일반 공립학교보다 크며, 정부의 검정고시를 통하여만 학력을 인정받을 수 있습니다. 그러나 기독교 대안학교에 꼭 비인가 형태의 학교만 있는 것은 아닙니다. 정부로부터 인가를 받은 대안학교의 유형에는 특성화중·고등학교가 있습니다. 특성화중·고등학교는 소질과 적성 및 능력이 유사한 학생을 대상으로 특정 분야의 인재 양성을 목적으로 하는 교육 또는 자연현장실습 등 체험 위주의 교육을 전문적으로 실시하는 중·고등학교를 말합니다(초·중등교육법시행령 제91조). 현재 기독교 대안학교에 포함되는 특성화중·고등학교는 모두 12개 학교로 공동체비전고등학교, 광주동명고등학교, 달구벌고등학교, 두레자연중학교, 두레자연고등학교, 산마을고등학교, 세인고등학교, 중앙기독중학교, 지구촌고등학교, 팔렬고등학교, 푸른꿈고등학교, 한빛고등학교가 속합니다.

참고로 인가받은 대안학교로 위탁형 대안학교(성산효마을학교, 천안대안학교)와 고등기술학교(풀무농업기술학교)형태도 있습니다.

2. 한국 기독교 대안학교의 역사가 얼마나 됐나요?

한국 기독교 대안학교의 역사를 논함에 있어서 그 출발점을 명확하게 제시하는데 어려움이 있습니다. 1900년대 초기에 한국교회가 설립한 기독교학교들을 오늘날 대안학교의 뿌리로 생각한다면 그만큼 기독교 대안학교의 역사는 긴 역사를 지니고 있다고 볼 수 있습니다. 그러나 최근에 기독교 대안학교의 역사만을 살펴본다면, 한국에서의 기독교 대안학교는 1958년 풀무농업고등기술학교의 개교로 시작되었고, 1990년대 들어서면서 대안교육에 대한 논의와 더불어 기독교 대안학교에 대한 논의도 활성화 되었습니다.

사회전반에 민주화물결이 일어났던 1980년대를 지나면서 기존의 제도교육 체제를 넘어선 새로운 교육문화, 곧 대안교육에 대한 관심이 싹트게 되었습니다. 이러한 교육에 대한 새로운 변화의 일환으로 기독교 대안학교들이 등장하기 시작했습니다. 1998년 3월 이후에는 이러한 기독교 대안학교들 중에서 9개의 학교가 특성화학교로 인가받았습니다. 2000년을 전후로 해서 설립된 기독교 대안학교는 기독교적인 교육철학을 교육과정에 반영하는 실험적인 학교 모습을 띄고 있습니다.

1990년대에 9개, 2000년 초반에 9개, 2000년 중반에 24개 학교가 개교하여, 현재 한국의 기독교 대안학교는 약 50개가 존재하는데, 2007년 이후로도 더 많은 수의 기독교 대안학교가 생겨날 것으로 보입니다.

3. 대안학교법에 대해서 알고 싶습니다.

2005년 3월에 처음으로 대안학교법이 신설되었습니다. 사실 정확하게 말하자면 대안학교법이 따로 있는 것이 아니라, 초·중등교육법 제60조 3에 대안학교 규정이 추가된 것입니다.

제60조의3 (대안학교) ① 학업을 중단하거나 개인적 특성에 맞는 교육을 받고자 하는 학생을 대상으로 현장 실습 등 체험위주의 교육, 인성위주의 교육 또는 개인의 소질·적성 계발위주의 교육 등 다양한 교육을 실시하는 학교로서 제60조 제1항에 해당하는 학교(이하 "대안학교"라 한다)에 대하여는 제21조제1항, 제23조제2항·제3항, 제24조 내지 제26조, 제29조 및 제30조의4 내지 제30조의7의 규정을 적용하지 아니한다.
② 대안학교는 초등학교·중학교·고등학교의 과정을 통합하여 운영할 수 있다.
③ 대안학교의 설립기준·교육과정·수업연한·학력인정 그 밖에 설립·

운영에 관하여 필요한 사항은 대통령령으로 정한다.

이에 따라 대안학교는 제21조 제1항(교장, 교감의 자격), 제23조(교육과정 등), 제24조(수업 등), 제26조(학년제), 제29조(교과용도서의 사용), 제30조(교육정보시스템의 구축·운영 등)의 규정으로부터 어느 정도 자유로울 수 있는 학교를 할 수 있는 근거가 마련되었습니다. 교육인적자원부는 이 법을 뒷받침하기 위하여 2007년 6월 28일에 "대안학교 설립·운영 규정" 공포하였습니다. 부록2에 전문을 실어 놓았습니다.

4. 기독교 대안학교를 알 수 있는 참고도서들이 있다면 추천해 주십시오.

기독교 대안학교에 관련된 추천 도서는 다음과 같습니다.

1) 기독교학교개론서
· 리차드 에들린, 『기독교교육의 기초』, 그리심, 2004
· 박상진, 『기독교학교교육론』, 예영커뮤니케이션, 2006
· 전광식, 『기독교대안교육과 대안학교』, 독수리교육공동체, 2006

2) 기독교학교 역사 및 철학
· 기독교학교교육연구소, 『평양대부흥운동과 기독교학교』, 예영커뮤니케이션, 2007
· 존 볼트, 『이야기가 있는 학교』, IVP, 2006
· 프랭크 개블라인, 『신본주의교육』, 기독교문서선교회, 1991

· 파커 팔머, 『가르침과 배움의 영성』, IVP, 2005

3) 기독교학교 설립

· 기독교학교연구회, 『우리가 꿈꾸는 기독교학교』, 예영커뮤니케이션,
  1999
· 박은조, 『하나님이 기뻐하시는 학교』, 예영커뮤니케이션, 1999
· 제임스 W. 브랠리, 『기독교학교를 어떻게 시작할 것인가?』, CUP,
  2006

4) 기독교학교 교육과정 및 교육방법

· 반 브루멜른, 『교실에서 하나님과 동행하십니까?』, IVP, 1996
· 반 브루멜른, 『기독교적 교육과정 디딤돌』, IVP, 2006
· 존 반 다이크, 『가르침은 예술이다』, IVP, 2003
· 크리스천 오버만·돈 존슨, 『진리와 하나 된 교육』, 예영커뮤니케이
  션, 2007

5) 기독교학교 사례

· 김요셉, 『삶으로 가르치는 것만 남는다』, 두란노, 2006
· 두레학교교사와 아이들, 『오늘은 두레학교 가는 날』, 두레학교출판
  사, 2005
· 정기원, 『희망과 감동이 있는 밀알두레반이야기』, 양서원, 2002
· 이월영, 『장화신고 국회가요』, 기독신문사, 2000

6) 대안교육

· 민들레편집실, 『대안학교 길라잡이』, 민들레, 2005
· 아름다운 학교 운동본부 편, 『아름다운 학교가 대안입니다』, 도서출
　　　판 대안, 2005
· 이종태, 『대안교육과 대안학교』, 민들레, 2001

5. 외국의 기독교학교 단체에 대해서도 알고 싶습니다. ACSI, CSI 회원학교라고 하는 학교들도 있는데, 그건 뭔가요?

미국의 경우 오랜 기간의 기독교학교 운동의 역사를 가지고 있습니다. 미국의 기독교학교는 ACSI(Association of Christian Schools International), CSI(Christian Schools International) 등의 기독교학교 연합체들을 통해서, 그 정체성을 분명히 하고, 교재 및 교육과정, 학생의 선발 및 평가 방법, 부모의 학교 참여, 교사의 자격증명 등에서도 학교를 발전시켜왔습니다.

* ACSI (Association of Christian Schools International)
  http://www.acsi.org
  ACSI의 사명은 전 세계적으로 기독교교육가들과 기독교학교들이 그들의 학생들을 효과적으로 도울 수 있도록 관리하는 것입니다. 이를 위해 학교의 전문적인 성장을 위한 인증프로그램, 특별한 돌봄이 필요한 어린이들을 지원하기 위한 프로그램, 세미나와 컨퍼런스, 리더십계발, 출판, 재정적·법적 지원 등의 일을 합니다. 미국 콜로라도 스프링즈에 본부가 있고 전 세계적으로 18개의 지부가 있습니다. 현재 100개국에 약 5,300개 이

상의 학교와 계약을 맺고 있으며, 등록되어 있는 학생 수는 약 120만 명 정도 됩니다.

* CSI(Christian Schools International) http://csionline.org

미국 그랜 래피즈에 본부를 둔 CSI(Christian Schools International)는 미국에서 가장 오랜 전통을 자랑하는 기독교학교 연합체이며, 화란의 개혁신학에 확고히 기초한 개혁교단(CRC교단 : Christian Reformed Church)과 밀접한 관련을 맺고 있는 단체입니다. 미국과 캐나다 전역, 특히 네덜란드인들이 많은 곳에는 CSI 소속의 기독교학교를 만날 수가 있습니다.

궁금증2
기독교학교를 세우고 싶어요

6. 기독교 대안학교를 설립을 하고자 할 때 우선적으로 생각해야 할 것은 무엇입니까?

기독교 대안학교를 설립하시기 위해 먼저 체계적인 중장기 계획을 가지고 설립할 것을 제안 드립니다. 새롭게 생겨나는 학교들 중에는 충분한 준비 없이 설립되어 몇 년을 넘기지 못하고 문을 닫는 학교들도 있었는데, 그로 인해 아이들이 입을 피해를 생각하면 이는 너무 무책임한 행동이 아닐 수 없습니다.

학교를 설립하고자 할 때, 가장 우선적으로 생각할 것은 "학교의 목적을 분명하기 하는 것"입니다. 학교의 목적이란 학교의 교육철학, 비전, 사명, 교육목표 등을 의미합니다. 학교의 소명이 불분명할 경우, 다양한 필요들이 더해져 학교의 목적을 흐리게 만들 수 있으며, 서로 상치되는 목적이 동시에 추구되어져 결국에는 학교가 갈 길을 잃어버릴 수도 있습니다. 이 과정에서 "교육의 대상을 누구로, 어느 연령대로 할 것인가를 정하는 것"도 함께 고려해야 합니다. 이는 가지고 있는 자원의 한계를 고려하여 결정하여야 합니다. 이 과정에서 학교 공동체의 '신앙고백문'을 함께 작성하는 것도 의미가 있습니다.

다음으르 "학교의 목적을 학교의 구성원들에게 확산하고, 공유하는 것"
이 필요합니다. 여기의 학교의 구성원은 작게는 '교사', '학교행정가', '학부
모'가 될 것이고, 넓게는 '학교를 지원하는 자들'을 포함되는 개념입니다.
충분한 논의를 통해 세워진 학교의 목적을 이들 학교 구성원에게 알리고,
한 마음으로 교육에 참여하는 것이 중요합니다.

7. 기독교 대안학교 설립의 준비 과정은 어떻게 되나요?

분명한 학교의 목적의 설정이 되었다면, 그 다음 단계로 중요한 준비는
'교사'입니다. 학교에서 이루어지는 교육은 교사를 통해서 아이들에게 전달
됩니다. 기독교학교 학생들은 교사의 인격과 세계관, 가치관이 담겨 있는
가르침을 통하여 교과를 배움과 동시에 창조주 하나님에 대한 경외심과
감사와 사랑과 봉사를 깊이 경험하게 됩니다. 기독교사 없이는 기독교교육
이 이루어지지 않을 뿐만 아니라, 기독교학교도 존재하지 않습니다. 그러
므로 기독교 세계관으로 잘 갖춰진 교사는 기독교학교의 필수요소입니다.
개교되기 전에 학교의 목적에 공감하고 헌신되어 있는 교사들이 준비되어
하나의 팀워크를 갖추는 것이 필요합니다. 물론 이 과정에서 이러한 학교
를 가장 잘 이끌어 갈 수 있는 "학교의 리더를 결정하는 것"도 중요합니다.

다음으로 '학교의 목적'을 성취할 수 있는 '기독교적 교육과정'을 만들
고, 교실에서 그 교육이 실현될 수 있도록 준비하는 것입니다. '기독교적
교육과정'은 단순히 외국의 기독교학교 교과서를 번역하거나 다른 기독교
학교의 교육과정을 조합하는 정도에서 끝나서는 안 됩니다. 우리나라 실정

과 학교의 목적에 맞는 교육과정 연구가 필요합니다. 훗날 학교에서 일할 교사들이, 이 교육과정을 만드는 일에 동참하는 것이 좋습니다. '교육과정을 만드는 것'은 그 자체 이상의 효과를 가지기 때문입니다. 교육과정을 만드는 과정에서, 교사들이 '교육과정'으로 빚어져 갑니다. 그리고 만들어진 교육과정을 '단기 학교' 혹은 '주말 학교'를 통해 실시해 보는 것도 좋을 것입니다. 이는 교사들이 만든 교육과정을 검증하는 절차가 되기도 하고, 취학연령대의 아이를 키우고 있는 부모들에게 이 학교의 모습을 시범적으로 보여 주는 홍보의 효과를 내기도 합니다.

연구와 행정적인 준비들도 필요합니다. 학교가 교육의 대상으로 생각하는 학생과 학부모의 관심도와 지원 가능성은 어느 정도인지를 조사하고 연구합니다. 학교가 설립될 지역 주민들과의 반응과 관계도 고려해야 합니다. 학교 설립을 위한 실질적인 행정적인 준비에서 만약 정부의 인가를 받고자 한다면, '학교법인'을 세워야 하며, '학교인가'를 위한 공식적인 절차들을 밟아야 합니다. '기독교교육'을 표방하는 학교를 정부로부터 인가받는 것은 쉽지 않고, 시간이 오래 걸릴 수도 있습니다.

학교의 규모와 대상을 고려해 학교시설을 준비해야 합니다. 학교 시설 또한 기독교교육의 연장선상으로 보고 교육이 이루어지기 적합한 환경으로 준비해야 합니다. 인가받기를 원할 경우 국가기준의 부지를 선정하고, 학교 건물을 건축해야 합니다.

준비가 완료되면, 홍보활동을 통해 신입생을 모집합니다. 준비가 완료되지 않았을 때 홍보활동을 하면 결과적으로 과장되어 광고될 경우가 있을 수 있습니다. 홍보를 위해 '학교홍보물'과 '전단지'를 제작하고, 학교에 관심을 가지는 학부모들을 대상으로 설명회를 실시합니다. 이때 앞에서 언급한 것과 같이 '학교의 목적'을 충분히 공유하게 하는 것이 중요합니다.

기독교 대안학교를 설립함에 있어서 마지막으로 가장 중요하고 빠져서는 안 될 준비는 '기도'라고 말씀드리고 싶습니다. 하나님의 말씀을 함께 묵상하고, 음성에 민감하게 반응하며, 모든 준비 과정 가운데 기도로 시작하여 기도로 끝내기를 바랍니다.

8. 학교를 공식적으로 인가받으려면 어떤 과정을 거쳐야 할까요?

만약 정부 인가학교가 되고자 한다면, 초·중등교육법에서 제시하고 있는 학교의 기준들을 갖추어 설립하거나, 새롭게 발표된 대안학교법에 따라 대안학교를 설립할 수 있습니다.

일반적으로 정부 인가학교가 되려면 '학교법인'을 세워야 하며, '학교인가'를 위한 공식적인 절차들을 밟아야 합니다. 가장 기본적으로 '교육용 기본재산'과 '수익용 기본재산'을 확보하여야 합니다. '교육용 기본재산'은 학교건물을 짓기 위해 필요한 토지 등 교육을 위해 반드시 있어야 하는 재산을 말하며, '수익용 기본재산'은 학교 설립 후에 학교를 운영하는데 도움을 주기 위해 필요한 재원을 조달할 수 있는 일정액 이상의 자산을 의미합니다. '수익용 기본재산'은 부동산이나 동산 모두 가능하며, 학교에 재정적인 지원을 할 수 있는 일정액의 수익을 창출하여야 합니다.

이에 반해 최근 발표된 "대안학교의 설립·운영에 관한 규정"은 조금 더 완화된 기준들을 제시하고 있습니다. 대안학교를 설립하려고 하는 자가 갖추어야 하는 시설·설비 등 학교의 설립기준에 관한 사항은 「고등학교 이하 각급학교 설립·운영규정」에 따른다고 되어 있으며, 그 내용을 보면 교육상 지장이 없는 범위 안에서 각종 기준 면적을 완화하여 인가할 수 있다고 되어 있습니다. 대안학교를 설립할 수 있는 설립주체는 「사립학교법」 제2조제1항에 따른 설립주체로 한다고 하였으며, 이에는 학교법인 또는 공공단체외의 법인, 기타 사인이 포함됩니다. 설립인가를 받고자 하는 자는 다음의 사항이 기재된 서류를 갖추어 해당 시·도 교육감에게 신청하여야 하여 대안학교 설립 운영위원회의 심의를 거쳐야합니다.

1. 목적
2. 명칭
3. 위치
4. 학칙
5. 학교헌장
6. 경비와 유지방법
7. 설비
8. 교지(校地)·실습지(實習地)의 지적도
9. 교사(체육장을 포함한다)의 배치도·평면도
10. 개교연월일
11. 병설학교 등을 둘 때에는 그 계획서
12. 설립자가 법인인 경우에는 등기 및 출연금 등에 관한 서류
13. 설립자가 사인인 경우에는 경비의 지급 및 변제능력에 관한 서류

한편 새 규정은 학교설립을 인가받는 것과 학력을 인정하는 것을 구분하고 있어서, 대안학교를 설립할 경우, 학교인가는 받지만 학력인정은 받지 못할 수도 있습니다.

인가받은 기독교학교를 하고자 할 때, 명실상부한 학교를 하려면 '학생선발권'과 '교육과정 편성권'을 가져야 할 것입니다. 이러한 학교의 유형에

는 사립초등학교, 특성화중·고등학교, 자립형 사립고등학교, 비평준화 지역의 중등학교, 그리고 새롭게 대안학교 등이 포함되는데, 이들도 완전한 '학생선발권'과 '교육과정 편성권'을 가지는 데는 한계가 있습니다. '기독교교육'을 표방하는 학교로서는 정부로부터 인가받는 것은 쉽지 않고, 시간이 오래 걸릴 수도 있습니다. 그러나 그것이 하나님의 뜻이라면 어떤 어려움도 극복해 나갈 수 있도록 길을 열어주시리라 믿습니다.

궁금증3
기독교 대안학교에 보내고 싶어요

9. 기독교 대안학교를 다니면 우리나라 교육부의 학력인정을 받을 수 있나요?

해당 학교가 인가학교인지, 혹은 비인가학교인지가 중요합니다. 일반적으로 대안학교는 비인가학교이므로 학력인정이 되고 있지 않습니다. 학력이 인정되는 인가형 대안학교는 1998년 개정된 초·중등교육법 시행령에 근거를 두고 있는데 정식 명칭은 대안교육 특성화학교입니다. 1998년 6개 학교가 인가받은 것을 시작으로 현재 29개에 달하는데, 고등학교가 21개, 중학교가 8개로, 경기도에 가장 많은 9개 학교가 있고, 전남에 4개, 경남과 전북에 각각 3개 학교가 있습니다.

이러한 인가형 대안학교를 제외한 기독교 대안학교는 학력인정을 받기 위해서 추후 검정고시에 응해야 합니다. 초등학교 검정고시는 연 1회 실시되는데, 5월말에 시험을 치르고, 중학교와 고등학교 검정고시는 연 2회 실시되는데, 4월 초와 8월 초에 각각 시험을 치르게 됩니다. 기독교 대안학교로써 교육부의 학력인정을 받을 수 있는 특성화중·고등학교는 아래와 같습니다.

표 3-1 기독교 특성화 중 · 고등학교

	이름	지역	전화번호	인가 연도
고등학교	공동체비전고등학교	충남 서천군 서천읍	041-953-6262	2003
	달구벌고등학교	대구 동구 덕곡동	053-981-1318	2003
	동명고등학교	광주 광산구 서봉동	062-943-2855	1999
	두레자연고등학교	경기 화성시 우정읍	031-358-8778	1998
	산마을고등학교	인천 강화군 양도면	032-937-9801	2000
	세인고등학교	전북 완주군 화산면	063-261-0077	1999
	지구촌고등학교	부산 연제구 거제1동	051-505-8656	2002
	팔렬고등학교	강원 홍천군 내촌면	033-435-6327	2006
	푸른꿈고등학교	전북 무주군 안성면	063-323-2058	1999
중학교	한빛고등학교	전남 담양군 대전면	061-383-8340	1998
	두레자연중학교	경기 화성시 우정읍	031-358-8773	2003
	중앙기독중학교	경기 수원시 영통구	0707-018-1400	2007

교육인적자원부 2007. 3.

10. 초등학교는 의무교육인데, 대안학교를 다니는 게 가능한가?

교육기본법과 초 · 중등교육법에 따르면 우리나라에서는 초등교육 6년 및 중등교육 3년(중학교)까지 의무교육으로 되어 있습니다(교육기본법 제1 장 제8조). 또한 초 · 중등교육법 제2장 제13조에서는 일정한 연령이 되면 초등학교 혹은 중학교에 취학시켜야 한다는 취학의무를 명시하고 있습니다.

그러나 교육 의무와 취학 의무를 동일시할 수 있는가에 대하여는 여전히 교육학자들 사이에서 연구가 진행 중인 부분입니다. 홈스쿨링, 대안학교 등과 같이 대안적인 교육방식을 찾는 사람들도 학부모가 국공립학교에 자녀를 취학시킬 의무를 가지고 있는가에 대해 이의를 제기합니다. 현재 우리나라 교육법에서는 초·중등학교 의무 교육에 대한 강제 조항이 있어 이를 위반할 경우 100만 원 이하의 과태료 처분을 할 수 있습니다.

초등학교는 의무교육이기 때문에 자퇴시킬 수 없습니다. 그러므로 대안학교를 다닐 경우 자퇴처리가 아닌 유예처리 또는 정원 외 관리 대상이 됩니다. 정원 외 관리란 기존 학교에 학적을 두고 실제 출석은 하지 않는 경우를 뜻합니다. 일반적으로 외국으로 가서 학교를 다닐 경우도 같은 처리를 합니다.

초·중등교육법 시행령 제2장
29조 (유예자 등의 학적관리) ①초등학교 및 중학교의 장은 취학의무를 유예받은 자중 입학이후 유예받은 자나 정당한 사유없이 3월 이상의 장기결석을 한 자에 대하여 학칙이 정하는 바에 따라 정원외로 학적을 관리할 수 있다.

11. 기독교 대안학교에서 일반 학교로의 전학이 가능한가요?

학생은 기독교 대안학교에서 일반 학교로의 전학이 가능합니다. 현재 초등학교, 중학교는 의무교육이기 때문에 학생들이 학교에 전입을 하려고 할 때 받아주어야 하는 의무가 학교 측에 있습니다. 학적 전반이 학교에 보관되어 있으므로 자격을 회복하는데 문제가 없으며, 자퇴처리로 학적이 상실되었을 경우에도 의무교육 기간 내에 복학하면 학적을 생성시킬 수 있습니다. 혹시, 학교를 다니지 않은 기간 동안의 학력검증을 요구한다면 대안학교에서 공부한 기간 동안의 성적표를 제시한 후, 학교의 조기 진급 및 조기 졸업에 관한 규정에 따라 들어갈 수 있습니다.

초·중등교육법 시행령 제2장

29조 (유예자 등의 학적관리) ②초등학교 및 중학교의 장은 제1항의 규정에 의하여 장기결석을 한 자로서 정원외로 학적이 관리되고 있는 자 또는 제28조의 규정에 의하여 취학의무의 면제나 유예결정을 받은 자가 다시 학교에 다니고자 하거나 취학하고자 하는 경우에는 「조기진급 및 조기졸업에 관한 규정」 제 6조의 규정에 의한 교과목별이수인정평가위원회가 실시하는 교과목별 이수인정평가의 결과에 따라 학년을 정할 수 있다. <신설 2001.3.2, 2004.2.17, 2005.9.29>

12. 기독교 대안학교를 선택할 때, 중요하게 살펴봐야 할 기준이 있다면 어떤 것입니까?

학교를 고르기에 앞서서 먼저 생각해야 할 것은 자녀를 왜 기독교 대안학교에 보내려 하는가 하는 이유입니다. 분명한 목적과 이유가 없이 자녀를 학교에 입학시킬 경우 나중에 갈등을 일으킬 수 있습니다. 먼저 자녀와 함께 기도하며, 왜, 어떤 목적으로 기독교 대안학교를 선택하려 하는지 충분히 대화를 하셔야 합니다.

분명한 목적이 정해지면, 거기에 맞는 목적을 가진 학교가 있는지 조사합니다. 그런 학교를 찾아내었다면, 그 목적대로 잘 실현되고 있는지 살펴보아야 합니다. 우선 학교교육과정이 꼼꼼히 설정되었는지 보고, 그대로 실행되고 있는지 봅니다.

대안학교를 선택하실 때, 학력 인정에 대해서도 생각해 보아야 합니다. 현재 인가받지 않은 기독교 대안학교는 학력인정이 되지 않아 상급학교 진학을 위해서는 검정고시를 치러야 합니다.

기독교학교의 신뢰성을 볼 필요가 있습니다. 우선 신앙적인 입장을 확인해 봅니다. 이는 학교가 작성한 '신앙고백문'이나 설립주체를 조사해 확인합니다. 그리고 학교를 주관하는 개인이나 기관이 어느 정도 신뢰할만한지, 학교가 그 기관과 어느 정도 강력한 유대를 가지고 있는지를 보아야 합니다. 여기에는 교사의 신뢰도도 조사되어야 합니다. 결국 실질적인 교육은 교실에서 교사에게로부터 이뤄지기 때문입니다.

학교가 설립한 연도나 설립과정을 조사합니다. 세워진 지 얼마 되지 않은 학교는 아직 체제나 운영 등이 불안할 수 있으나, 설립 준비 과정을 체계적으로 잘 진행하여 개교한 학교는 안정적으로 운영되는 것을 볼 수 있습니다.

학교홈페이지는 언론자료를 조사해 학교를 알아본 후, 학교에 직접 방문하여 학교시설을 살펴보고, 교육 현장을 견학하고 관계자를 만나 상담하는 것도 필요합니다.

13. 우리 지역에 어떤 학교들이 있는지 알고 싶어요?

기독교 대안학교는 전국에 약 50개 정도 있습니다. 기독교 대안학교는 그 수나 규모가 크지 않고, 전국에 고르게 분포되어 있지 않습니다.

아래의 그림을 통해 기독교학교교육연구소에 의해 조사된 대안학교의 지역별 분포를 살펴볼 수 있습니다. 기독교학교가 가장 많이 세워진 경기 지역은 전체 기독교 대안학교 수의 거의 50%에 육박하는데, 이는 일산, 분당과 같은 경기도 내의 신도시에 학교들이 많이 세워지고 있기 때문입니다. 충청지역, 전라지역, 경상지역 안의 상당수의 학교들은 모두 자연친화적인 곳에 위치하고 있으며, 이러한 학교들의 거의 대부분은 기숙사 시설을 갖추고 있습니다. "2장 기독교 대안학교 둘러보기"를 보면 더 자세한 내용을 확인할 수 있습니다.

그림3-1 지역별 기독교 대안학교 분포

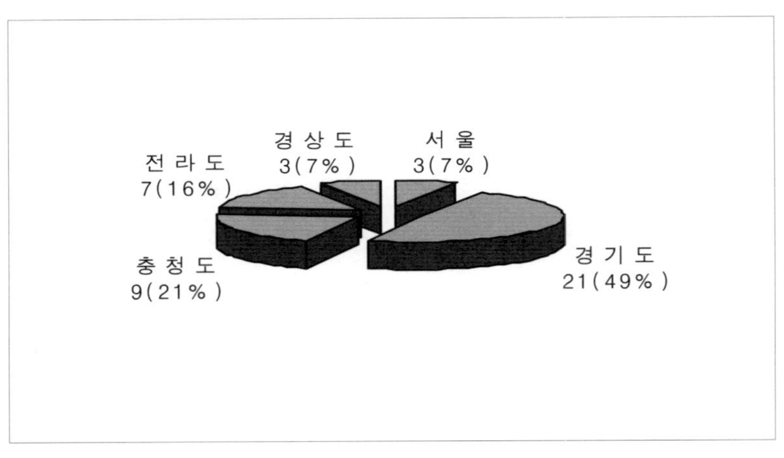

아래 도표의 학교들은 추가된 기독교대안학교 명단입니다. 이 학교들은 대부분 최근에 개교한 학교들로서, 역시 경기도, 충청도, 전라도에 분포되어 있습니다.

표3-2 추가된 기독교 대안학교 명단

	학교명	학제	위치	연락처	개교시기
서울	하늘꿈학교-서울	대학진학반 검정고시반	서울 송파구	443-2073	2004.4
경기	굿뉴스 대안학교	초	경기 부천시	1588-0519 www.gneschool.com	2007.3
	수원기독 중학교	중(인가)	경기 수원시	0707-018-1400	2007.3
	코메니우스 학교	고	경기도 양평군	031-771-5072 cafe.naver.com/comeniusschool	2007.2
	한꿈학교	고입, 대입	경기 남양주시	031-574-2156 www.tgvs.hompee.org	2004.6
강원	팔렬고등학교	고(인가)	강원 홍천군	033-435-6327	2006.3
충청	하늘꿈학교-천안	초, 중, 고	충남 천안시	041-560-1933	2003.3
	생명나무학교	중	충남 천안시	041-585-0071~3 www.lifetrees.net	2007.3
전라	향기다니엘 사관학교	초, 중, 고	광주	062-527-5115 http://danvi.onmam.com	2007.3
	꿈꾸는요셉 초등학교	초	전남 목포시	061-281-7176 www.dreamsc.net	2007.3

14. 기독교 대안학교는 어떤 아이들이 가는 곳인가요? 별도의 입학자격이 있나요?

통념적으로 대안학교는 학교 부적응자들이 많이 가는 곳으로 알려져 있습니다. 그러나 실제로는 부적응자만이 아닌 기존의 공교육과는 다른 대안교육에 관심을 가지고 대안학교를 택하고 있습니다. 기독교 대안학교 또한 일부 학교 부적응자를 포함하긴 하지만 그들만을 대상으로 하는 곳은 아닙니다. 대부분의 기독교 대안학교의 건학이념을 보면, 공통적으로 기독교적 세계관 안에서 학생들을 양육하고자 하는 목적을 갖고 있습니다. 따라서 기독교 대안학교는 기독교적 양육을 하고자 하는 의도에 따라, 이러한 교육을 지향하는 사람들이 관심을 갖고 선택하는 학교입니다.

입학자격은 각 학교의 교육목적에 따라 차이가 있으나, 대부분 공통적으로 기독교인 학생이거나 기독교교육에 동의하는 학생을 받습니다. 그뿐 아니라 기독교학교에서는 부모님의 신앙도 중요하게 생각합니다. 왜냐하면 기독교학교는 부모를 기독교교육을 실현하는 중요한 교육의 주체로 보기 때문입니다.

교회가 세운 기독교 대안학교인 경우, 교인의 자녀를 대상으로 입학을 허가하는 경우가 많고, 학교 설립 목적에 따라 특정 대상자들을 정해서 입학자격을 부여하기도 합니다(재외 동포 청소년, 장애우, 탈북청소년). 학교 선발시험이나 이전 학교 성적으로 선발하는 학교도 있습니다. 자세한 내용은 입학을 원하는 학교의 입학규정을 참고하시기 바랍니다.

15. 학비는 얼마나 되나요?

일반 학교는 정부가 대부분의 재정을 지원하기 때문에, 교육 공간 확보와 유지, 교사의 봉급, 양질의 교육을 위한 시설과 기자재의 확보는 국민의 세금으로 이루어집니다. 그러나 기독교 대안학교의 대부분은 비인가학교이기 때문에, 학교 운영 주체가 전입한 금액 외의 모든 비용이 고스란히

학부모의 몫이 됩니다. 정부의 재정 지원을 받지 않는 한, 비인가 기독교 대안학교들의 학부모 재정 부담 비율은 낮아질 수 없는 구조적 한계를 가지고 있습니다.

기독교 대안학교의 수업료는 월 10만 원에서 50만 원 정도가 대부분이나, 50만 원 이상에서 100만 원까지 부담해야 하는 곳도 있습니다. 기독교 대안학교 중 일부학교는 학교 입학 시 기부금 혹은 예탁금을 받는 곳도 있습니다. 예탁금은 기부금과 달리 졸업 시 돌려주기는 하지만 입학 시 학부모에게 부담이 됩니다. 이 외에도 기숙사비, 급식비, 교통비 등이 포함될 수 있으며, 수익자 부담으로 하는 교육 프로그램 등은 추가 비용을 지불해야 합니다.

대안학교의 관계자들 중에는 일반 학교의 학부모가 사교육에 많은 재정을 들이는 것을 지적하면서, 사교육비 절감효과를 고려하면 대안학교의 수업료가 그다지 부담이 되지 않을 수도 있다고 주장합니다.

기독교 대안학교는 조직의 효율성을 높여 불필요한 비용 지출을 줄이는 등 재정의 운용을 적절하게 할 필요가 있습니다. 장기적으로는 학교를 잘 운영할 수 있는 재원을 마련할 방법을 찾아야 합니다. 그래서 후원 행사를 통해, 또는 교회가 설립한 학교인 경우 교회의 지원금으로 재원을 마련하기도 합니다. 많은 기독교 대안학교들이 공정하고 알맞은 등록금을 책정하려고 애쓰고, 특별히 재정적인 이유로 기독교교육에서 소외되는 이가 없도록 장학금 제도를 안정적으로 갖추려고 노력하고 있습니다.

16. 기독교 대안학교의 교육과정은 일반 학교와는 어떤 차이점이 있나요?

　기독교 대안학교들은 각 학교의 교육목적과 교육목표를 달성하는데 필요한 방향으로 교육과정을 편성합니다. 그리하여 대안학교의 설립 정신과 비전, 교육목적에 따라 특색 있는 교육과정을 가지고 있으며, 필요시 교과서 선정이나 교과시수 배정도 학교마다 다른 모습을 드러냅니다.

　일반 학교는 제7차 교육과정에 맞추어 국정교과서를 사용하는데 반해, 대안학교는 교과별로 국정교과서, 외국교과서, 그리고 학교가 자체 제작한 교재를 혼용하고 있으며, 과목마다 차이가 있습니다. 대부분의 기독교 대안학교는 교과 통합을 지향하고 성경의 보편적인 원리들을 모든 교과에 적용하려는 시도를 하고 있습니다.

　또한 기독교 대안학교의 중심교육방향은 '기독교적인 전인육성'입니다. 그래서 다양한 방학프로그램과 문화 활동을 장려하면서 지식과 감성, 영성을 통합하는 아웃리치 프로그램, 국토순례, 사회봉사, 각종 노작이 포함된 교육과정을 운영합니다. 기독교 대안학교들은 각 학교의 특성에 따라 강조하는 교육과정이 다르기 때문에 각 학교의 교육과정을 확인하시기 바랍니다.

궁금증 4
기독교 대안학교에서 일하고 싶어요.

17. 교사자격증은 꼭 있어야 하나요?

이번 대안학교 실태조사 결과를 보면, 전체 549명의 교사 중 391명이 해당 자격증 소지 교사로 전체 교사의 71.2%였고, 비인가학교는 60.6%의 교사만이 자격증을 소지하고 있습니다. 특히 초등학교의 경우는 중등보다 자격증을 소지한 교사의 수급에 어려움을 겪고 있습니다. 그래서 학교 자체적인 기준을 마련하거나 교사교육을 통해 기독교학교의 교사로 채용하는 경우가 있습니다.

물론 대안학교의 경우는 학교마다 추구하는 고유한 가치를 지니고 있기 때문에, 교사가 학교의 교육철학과 비전을 충분히 공감하고 교육을 함께 펼쳐 나간다는 것이 교사자격증의 유무보다 중요할 수 있습니다. 하지만 사회적으로 교사의 일정수준 이상의 조건을 요구하는 것은 당연한 일입니다.

기독교학교 자체평가 준거틀[19] 연구에서는 교사의 자격에 대한 평가문항에 다음과 같이 명시하고 있습니다.

---

19) 기독교학교교육연구소, '기독교학교 자체평가 준거틀', 미간행 연구보고서, 2007, 48

'교사는 기독교학교의 교사로서의 자격을 갖추고 있다(학위, 교사자격증, 경력, 학교의 교사자격조건 충족).'

이는 교사가 교사로서 인정받을 수 있는 조건이 필요하다는 의미입니다. 그것이 교사자격증이 될 수 있고, 그 이상의 조건이 될 수도 있습니다.

특히 기독교 대안학교는 교사자격증 외에도 대안교육과 기독교교육의 이해가 필요합니다. 그러므로 기독교학교 교사가 되기 위해서는 자격증 이외에도 교사로서의 부르심을 점검하고, 교과를 기독교 세계관으로 해석하는 소양을 갖춰야 합니다.

18. 기독교 대안학교에서 일하기 위해 좋은 예비 교사교육이 있는지 알고 싶습니다.

현재 공식적인 기관이나 프로그램을 통해 이루어지고 있는 "예비교사교육"은 많지 않습니다. 두레학교의 '두레 기독교사 연구과정', 샘물학교의 '샘물 기독교사 아카데미' 등이 "예비교사교육 프로그램"이라 할 수 있습니다. 그러나 아직 역사가 길지 않고, 예비교사들에게 많이 알려져 있지도 않습니다. 대부분 각 학교에서 교사를 채용한 후에 그 안에서 자체적으로 교사교육을 시행하고 있으며, 예비교사를 대상으로 하는 교육은 아니지만 기독교학교교육연구소나 기독교대안학교연맹에서 매년 주최하고 있는 기독교사를 위한 컨퍼런스에 일부 예비교사가 참가하기도 합니다. 이 외에도 부산 지구촌고등학교에서 실시되고 있는 기독교사 세움터가 있는데, 여기에서는 기독교 세계관을 바탕으로 한 교사를 양성하기 위해 노력하고 있습니다.

기독교 대안학교에서 함께 일할 수 있는 교사들을 미리 교육하는 것은 광장히 중요한 일이며, 그 필요성 또한 시급하게 요청되고 있습니다. 이에 따라 현재 기독교학교와 그에 관련된 기관들은 기독교학교의 교사교육에 많은 관심을 갖고 교육과정 개발을 위해 노력하고 있습니다. 따라서 장기적인 안목에서 볼 때, 조만간 기독교 대안학교 예비교사를 위한 교육과정이 체계화되어질 가능성과 이를 위한 교육 기관의 설립 가능성이 높습니다.

궁금증 5
기독교 대안학교에서 묻고 싶은 것이 있어요

19. 기독교 대안학교의 '자기 발전'을 위해 어떤 노력을 해야 하나요?

기독교 대안학교는 그 교육적 사명을 올바르게 감당하고 우수한 교육을 통해 세상에 모범이 되는 교육을 실현하기 위해 계속적인 노력해야 합니다. 이 노력은 학교행정가의 노력이나 교사 개인의 열정으로 끝나서는 안 될 것입니다. 학교를 교육 공동체적 입장에서 봤을 때, 이사회, 행정가, 교사, 학생, 더 나아가 학부모, 지역사회와의 협력적인 노력이 필요합니다.

한 실례로 '자체평가'를 실행할 수 있습니다. 자체평가란 기독교학교의 자발적인 발전 의지와 자체적인 윤리 정화활동이라고 할 수 있습니다.

본 연구소는 2006년 기독교학교 자체평가 준거틀을 연구, 개발하였습니다. 자체평가 준거틀은 다음 5개 영역으로 나누어 학교를 평가합니다.[20]

1. 교육의 기초

2. 공동체

---

20) 기독교학교교육연구소, '기독교학교 자체평가 준거틀', 미간행 연구보고서, 2007, 22~23

3. 교직원
4. 학생
5. 교육과정

먼저, 교육의 기초 영역은 모든 다른 영역을 평가하는 기초가 되는 영역이다. 기독교학교가 학교의 교육목적을 개발하고 진술하며 그것을 학교 공동체에 알리고 실현할 수 있는 가능성을 평가한다.

둘째로, 공동체 영역은 학교가 단순히 제도적 조직이 아니라 학생들의 교육활동을 지원하기 위한 시스템임을 말한다. 학교는 가정과 교회, 지역사회와의 협력을 통해 공동체적으로 기능하며 시스템을 구축한다. 이를 위해 내부적으로 이사회의 구성, 선출, 역할을 평가하고, 행정 담당자의 선출, 업무분담, 훈련 및 전문성을 점검한다. 그리고 가정의 역할, 학부모 모임과 학부모교육을 살펴보고, 학교의 협력교회, 지역사회와의 관계를 평가한다. '공동체' 영역은 이러한 입장에서 단순한 행정의 영역으로 넘어서 교육을 위한 공동체가 되어야 함을 의미한다.

셋째로, 교직원 영역은 학교에서 실질적인 교육활동을 담당하는 주체를 평가하는 영역이다. 학교구성원에 교육행정가, 교목, 교사, 행정직원을 포함한다. 이들의 영성과 소명, 공동체성, 전문성 및 복지를 평가한다.

넷째로, 학생 영역은 하나님의 자녀로서 기독교학교에서 교육을 받고 있는 학생을 위한 영역이다. 기독교학교는 학생에게 기독교적 가치를 바탕으로 한 시스템과 안전하고 쾌적한 환경을 제공해야 한다. 이를 위해 본 평가준거틀은 입학, 급식, 상담 및 교육시설과 안전을 학생영역에 포함시켰다.

마지막으로 교육과정 영역은 학교교육활동의 핵심으로서 교육목적 실현에 적절한 교육과정의 편성, 기독교 세계관을 반영한 교과교육, 교수-학습 활동 및 학습평가활동을 평가하고, 기독교학교로서 고유한 교육과정 개발과 문서화 및 특별활동에 관하여 평가한다.

20. 기독교 대안학교에서 해야 할 교육들에는 어떤 것이 있을까요?

기독교 대안학교는 학생만 교육하는 것이 아니라 학교를 구성하는 다양한 사람들을 위한 교육도 필요합니다.

우선 교육을 이끌어 나가는 교사들이 지속적으로 기독교 세계관과 학교의 교육목적에 기초하여 교육을 할 수 있도록 교사를 대상으로 하는 연수 프로그램이 필요합니다. 여기에는 기독교학교의 교장, 교감 및 교목까지 대상이 될 수 있으며, 교육과정, 교육방법, 교육평가 등 교사를 위한 과정과 기독교적인 경영, 교육행정에 대한 연수도 포함됩니다. 또한 예비교사들이 이러한 소양을 미리 가질 수 있도록 준비시키는 예비교사교육프로그램도 필요합니다. 예비교사교육을 통하여 학교가 필요로 하는 인적 자원을 확보할 수도 있기 때문입니다.

뿐만 아니라 부모들을 대상으로 하는 부모 교육과 곧 입학할 학생들의 학부모를 위한 예비부모 교육, 또한 학교를 지원하는 협력교회 교인을 위한 교육이 필요할 것입니다. 학부모들의 경우 일반적으로 가지고 있던 진학과 학교에 대한 개념이 기독교 대안학교가 추구하는 기독교 세계관과 상충되어 갈등을 빚는 경우가 있습니다. 그러므로 학부모들이 학교가 가지고 있는 기독교 세계관과 학교의 비전, 목적에 동의하고 함께 동역하며, 가정에서도 이러한 연장선상에서 교육을 이어나가도록 독려해야 합니다.

학교를 설립하였거나 혹은 지원하는 교회가 있는 경우 그 교회의 교인들에게도 기독교 대안학교에 대한 이해 부족으로 인해 비슷한 문제가 발생할 수 있으므로 교육 프로그램을 통해 비전을 함께 공유하도록 할 필요가 있습니다.

이상에서 살펴본 바와 같이 기독교 대안학교가 교육을 실시할 대상은 학생을 포함하여 학부모와 교사, 교회의 교인, 행정가, 교목 등 학교와 관계있는 모든 사람입니다. 학교에 참여하는 모든 사람이 이러한 교육을 통하여 학교의 목적을 향하여 같은 걸음을 내딛을 수 있기 때문입니다.

21. 기독교 대안학교 간의 교류는 어떻게 할 수 있을까요?

기독교 대안학교는 그 수가 적은 편임에도 불구하고 아직까지 함께 연합할 수 있는 기회가 많지 않습니다. 기독교 대안학교의 역사가 그리 오래되지 않았음을 고려해 볼 때, 각 학교의 자리매김을 위한 노력에 많은 시간과 에너지를 투자하는 편이고, 따라서 함께 교류하는 것보다는 자체적인 활동에 관심을 가질 수밖에 없었던 것이 사실입니다. 그러나 기독교 대안학교의 활성화와 발전을 위해서 연합은 필수적입니다. 따라서 학교 간의 이야기들을 공유하고, 앞으로 기독교 대안학교가 해결해가야 할 과제들에 대해 함께 고민해야 합니다.

학교 간 네트워크의 활성화는 함께 연합하는 참여를 통해 가능한데, 현재는 기독교학교와 관련된 기관들에서 이러한 기회를 주로 제공하고 있습니다. 기독교학교교육연구소와 기독교대안학교연맹 등은 매년 교사교육 및 나눔과 교제를 위한 교사 컨퍼런스를 실시하고 있으며, 각종 세미나를 통해 정보를 공유하고 함께 연합할 수 있는 기회를 제공하고 있습니다. 이 외에도 기독교 대안학교를 대상으로 하여 이루어지는 포럼이나 교과과정 개발을 위한 연구 모임 등은 기독교교육 자료에 대한 구체적인 나눔과 공유를 통해 연합할 수 있는 기회를 마련하도록 도와주고 있습니다.

기독교대안교육협의회　　www.caeak.com
기독교대안학교연맹　　www.casak.org
기독교학교교육연구소　　www.cserc.or.kr

부록

부록1_
기독교 대안학교 실태조사 설문지

설문지(안)

안녕하세요.
귀 학교 위에 주님의 은총이 날마다 가득하시기를 기원합니다.
기독교학교교육연구소 기독교 대안학교실태조사팀입니다.
기독교 대안학교실태조사는
우리 현실에 맞는 기독교대안교육의 모습을 모색하고
보다 더 나은 발전방안을 도모하고 지원하기 위해
기독교 대안학교의 현실을 정리하기 위한 시도입니다.
다소 번거롭고 민감한 내용이 될 수 있더라도 열린 마음으로
성실한 답변을 부탁드립니다.
본 조사자료는 기독교 대안학교의 현실을 진단하고
한걸음 앞으로 내딛기 위한 지혜를 내는데
귀중한 자료로 쓰일 것입니다.
바쁘시더라도 기독교 대안학교실태조사 연구를 위한 수고의 발걸음을
부탁드리오니 부디 협조하여 주시면 감사하겠습니다.

* 본 조사에 관한 문의는기독교학교교육연구소(www.cserc.or.kr),
  02-6458-3456, 3455(F)으로 해주십시오.
* 2006년 8월 20일까지 작성하셔서 메일(gracecomes@naver.com)이나
  연구소 Fax로 보내주시길 부탁드립니다. 감사합니다.

2006년 8월
기독교학교교육연구소

학 교: ______________________

주 소; __________________________________

연락처: ______________ 담 당(작성자): ______________

1. 교육의 기초

학교개교일	전 화	Fax	홈페이지	주소
년 월 일 (인가, 비인가)				우)

1) 학교의 건학이념을 진술해 주십시오.

2) 학교의 설립목적이 있으면 기술해 주십시오(학교의 교육목표를 포함
할 수 있습니다).

3) 학교의 교훈을 기술해 주십시오.

4) 학교의 설립과정을 간략하게 설명해 주십시오.

5) 학교의 설립주체는 누구인지 항목에 표시해 주십시오.
　　① 개 인　② 교 회　③ 단 체(기관)　④ 기 타 (　　　　　)

2. 학교의 조직 및 운영

1) 학교의 조직

_________에 이름을 기입하고 (   )안에는 출석교회가 소속된 교단을 기입해 주십시오.

이사장_______ (   ) 교 장______ (   ) 교감_____(   )

이사장	교장	교감	교사 (정교사: , 강사:)			행정직원	기타	계
명	명	명	남 : 명	여 : 명	계: 명	명	명	명

2) 학교의 운영

다음의 해당 항목에 ○ 표시해 주십시오

초등미만(   ) 초등(   ) 중등(   ) 고등(   ) 통합(   )

기타 (   )

전일제(   ) 반일제 (   ) 방과 후(   ) 기타 (   )

주 6일 (   ) 주 5일 (   ) 기타 (   )

기숙형 / 비기숙형 / 혼합형(일부기숙)

수업일수 연간 (일)

3) 학교의 재정

학교의 재정의존도를 항목별로 백분율로 표시하여 주십시오.

① 학생등록금 ② 학생기부금 ③ 재단지원(교회, 기독교기관포함)

④ 국고지원 ⑤ 기타

50%   100%

위의 항목 외에 학교예산편성을 위한 수입내역에 들어가는 항목이 있을 경우 진술해 주십시오.

학생들이 납부하는 내역을 다음 해당 항목별로 금액을 기입하여 주십시오.
기부금: 원
예탁금: 원
입학금: 원
월 수업료: 원
식비: 원
특별비용이 있다면 기술해 주십시오.   원

3. 교직원

1) 교사 선발 및 자격
교사 선발기준을 기술해 주십시오.

2) 교사들을 위한 계속 교육프로그램이 있습니까?
예,   아니오 (해당사항에 ○표)
있다면 내용과 방법을 기술해 주십시오.

3) 교원 복지

신임 교원의 최초연봉		경력 5년 후의 연봉	
	원		원
전체평균연봉:		원	

4. 학생 및 시설

1) 학생 현황

해당란에 정확하게 숫자를 기입해 주십시오. ( )안에는 학급수를 기입해 주십시오.

학년 성별	초등학교						중학교			고등학교			계
	1 ( )	2 ( )	3 ( )	4 ( )	5 ( )	6 ( )	1 ( )	2 ( )	3 ( )	1 ( )	2 ( )	3 ( )	
남													
여													
계													

2) 학생선발과정

학생의 선발기준을 간략하게 설명해 주십시오.

입학자격:

입학 절차를 간략하게 설명해 주십시오. (필요시에 입시전형요강 첨부)

모집시기: 매년 _____월

3) 학교터전, 공간의 특징

대지	건평	소유형태[21]	공간의 특징[22]
평	평	자가, 전세, 월세	학교독립건물, 교회건물사용, 건물임대, 기타( )

장애학생을 위한 특별한 시설이 있다면 설명해 주십시오.

5. 교육과정

1) 교과서사용에 대하여 답해 주십시오.

① 국정교과서를 사용한다. (   )

② 외국교과서를 (그대로 혹은 번역하여) 사용한다. (   )

③ 학교자체 내에서 제작하여 사용한다. (   ) ④ 교과별로 다르다.

⑤ 기타__________________

2) 교육과정 편성표를 첨부하여 주십시오.

(이메일로 보내실 경우, 첨부 파일로 작성하셔도 됩니다)

---

21) 해당 사항에 ○표 하십시오.
22) 해당 사항에 ○표 하시고, 기타의 경우 (   )를 기록해 주십시오.

3) 전학년 주간수업시간표를 첨부하여 주십시오.

4) 학교가 진행하고 있는 교육과정의 특성을 기술해 주십시오.

부록2_
대안학교의 설립·운영에 관한 규정

대통령령 제20116호

대안학교의 설립·운영에 관한 규정

제1조(목적) 이 영은 「초·중등교육법」 제60조의 3에 따른 대안학교의 설립·운영에 관하여 필요한 사항을 규정함을 목적으로 한다.

제2조(설립·운영자) 대안학교를 설립·운영할 수 있는 자는 「사립학교법」 제2조 제1항에 따른 설립주체로 한다.

제3조(설립기준) 대안학교를 설립하려는 자가 갖추어야 하는 시설·설비 등 학교의 설립기준에 관한 사항은 「고등학교 이하 각급 학교 설립·운영규정」에 따른다.

제4조(설립인가) 「초·중등교육법」 제4조 제2항에 따라 대안학교의 설립인가를 받으려는 자는 다음 각 호의 사항이 기재된 서류를 갖추어 특별시·광역시·도 또는 특별자치도 교육감(이하 "교육감"이라 한다)에게 신청하여야 한다.

  1. 목적

2. 명칭

3. 위치

4. 학칙

5. 학교헌장

6. 경비와 유지방법

7. 설비

8. 교지(校地)·실습지(實習地)의 지적도

9. 교사(체육장을 포함한다)의 배치도·평면도

10. 개교연월일

11. 병설학교 등을 둘 때에는 그 계획서

12. 설립자가 법인인 경우에는 등기 및 출연금 등에 관한 서류

13. 설립자가 사인인 경우에는 경비의 지급 및 변제능력에 관한 서류

제5조(대안학교설립운영위원회의 구성·운영) ① 대안학교의 설립·운영에 관한 중요사항을 심의하기 위하여 교육감 소속하에 대안학교설립운영위원회(이하 "위원회"라 한다)를 둔다.

② 위원회는 위원장, 부위원장 각 1명을 포함한 7명 이상 9명 이하의 위원으로 구성하되, 대안교육관련 전문가가 과반수가 되도록 하여야 한다.

③ 위원회의 위원장은 관할 시·도 교육청의 부교육감이 되고, 위원은 교육감이 위촉하며, 부위원장은 위원 중에서 호선(互選)한다.

④ 위원회는 위원장이 소집하고, 재적위원 과반수의 출석과 출석위원

과반수의 찬성으로 의결한다.

⑤ 위원회는 다음 각 호의 사항을 심의한다.

1. 대안학교의 설립인가·변경인가 및 인가취소에 관한 사항
2. 학력이 인정되는 대안학교의 지정에 관한 사항
3. 대안학교의 평가 및 운영 등에 관한 사항

⑥ 위원회의 구성·운영에 관하여 그 밖에 필요한 사항은 교육감이 따로 정한다.

제6조(학력인정) ① 교육감은 대안학교의 교육 프로그램의 내용·수준 등을 평가하여 학력이 인정되는 대안학교를 지정할 수 있다.

② 교육감은 제1항에 따른 학력인정 학교를 지정하는 경우에 위원회의 심의를 거쳐야 한다.

제7조(학기운영 및 학년제) ① 대안학교의 학기 운영은 학교교육과정을 고려하여 학칙으로 정한다.

② 대안학교의 장은 교육과정 운영상 필요한 경우에는 학년 구분 없이 교육과정을 운영할 수 있다.

제8조(수업연한 및 수업일수) ① 대안학교의 수업연한은 「초·중등교

육법」(이하 "법"이라 한다) 제39조, 제42조 및 제46조 본문에 따른다.

② 대안학교의 수업일수는 매 학년 180일 이상으로 한다.

제9조(교육과정) ① 대안학교의 교육과정은 대안학교의 장이 학칙으로 정한다. 다만, 교육인적자원부장관이 정한 교육과정상 교과별 수업시간 수의 100분의 50 이상을 운영하여야 한다.

② 대안학교의 장은 제1항의 교육과정에 대하여 필요한 경우에 교육감이나 교육장의 승인을 받아 통합교과로 운영할 수 있다.

제10조(교과용 도서) ① 대안학교의 장은 「교과용도서에관한규정」에 따른 국정도서, 검정도서, 인정도서 중에서 선택하여 사용할 수 있다.

② 대안학교의 장은 자체 개발한 도서를 교과용으로 사용할 수 있다. 다만, 이 경우에는 해당 도서를 교육감에게 사전에 제출하여야 한다.

제11조(학교생활기록 및 건강검사기록 유지) 대안학교의 장은 다음 각 호 사항이 기록된 것으로서 학교의 학업 성취도 등 학생 생활에 관한 기록 및 「학교보건법」 제7조의3제1항에 따른 건강검사기록 중 학생의 진학이나 전학에 필요한 내용을 적절한 방법으로 기록·관리할 수 있다.

1. 인적사항
2. 학적사항

3. 출결상황

4. 자격증 및 인증취득상황

5. 교과학습발달상황

6. 행동특성 및 종합의견

부칙

제1조(시행일) 이 영은 공포한 날부터 시행한다.

제2조(설립절차에 관한 경과조치) ① 2008학년도 제1학기 개교를 예정으로 이 영에 따른 대안학교를 설립하고자 하는 자는 고등학교 이하 각급학교 설립·운영에 관한 법령에 따른 시한에 불구하고 개교예정일 4개월 이전까지 학교설립계획서 제출과 학교법인 설립허가신청 및 학교설립인가신청을 함께 할 수 있다.

② 교육감은 제1항에 따라 학교설립인가신청 등을 받은 때에는 고등학교 이하 각급학교 설립·운영에 관한 법령에 따른 시한에 불구하고 해당학교의 개교 예정일 1개월 이전까지 승인·허가 및 인가여부를 신청인에게 통보하여야 한다.

제3조(다른 법령의 개정) 초·중등교육법 시행령 일부를 다음과 같이 개정한다.

제96조 제1항에 제4호를 다음과 같이 신설한다.

4. 「대안학교 설립·운영규정」 제6조에 따라 초등학교 학력인정 지정을 받은 대안학교를 졸업한 자

제97조 제1항에 제5호를 다음과 같이 신설한다.

5. 「대안학교 설립·운영규정」 제6조에 따라 중학교 학력인정 지정을 받은 대안학교를 졸업한 자

제98조 제1항에 제8호를 다음과 같이 신설한다.

8. 「대안학교 설립·운영규정」 제6조에 따라 고등학교 학력인정 지정을 받은 대안학교를 졸업한 자

부록3_
기독교학교교육연구소 소개

1. 기독교학교교육연구소 설립 취지문

오늘날 한국교육은 수많은 사람들에게 고통을 주고 있다. 입시위주의 교육체제와 그릇된 교육정책으로 인한 고통은 물론, 자살과 학교폭력, 그리고 조기유학 현상 등으로 인한 상처가 깊어가고 있다. 이러한 왜곡된 교육의 현실 앞에서 한국교회가 교육의 희망과 비전을 제시하지 못하였음을 깊이 반성하고 회개하며, 교육에 대한 기독교적 대안을 제시해야 할 책무성을 다시금 절감한다. 한국교회사 초기에 교회가 학교를 설립하여 교육구국운동에 앞장섰던 그 정신을 이어받아, 한국교회가 교육의 영역에서 하나님 나라를 회복함으로 한국교육의 희망이 되고자 한다.

지금까지 설립된 기독교학교가 이 사명을 보다 성실히 감당하며, 더 많은 기독교학교가 세워지고 명실상부한 기독교 학교교육이 이루어지도록 하기 위해서, 이제 우리는 기독교학교교육연구소를 설립하고자 한다. 기독교학교교육연구소는 기독교학교와 기독교 학교운동의 지원체제로서, 기독교학교의 정체성과, 그 신학적, 철학적, 교육학적 기초를 탐구하여 올바른 방향을 제시하며, 기독교학교의 커리큘럼 및 교재개발, 교육방법 및 교육행정, 그리고 기독교교육과 관련된 교육정책연구 등을 통해 한국교육에 대한 기독교적 대안을 제시하는 데에 그 목적이 있다. 한국교회가 기독교학교들과 더불어 연합하고 협력함으로 이 사명을 감당할 것을 촉구하며, 한국교회의 교육적 관심이 교회교육의 차원에 머무르지 않고, 학교교육의 현실을 변화시키고, 궁극적으로 모든 영역에서 하나님 나라를 실현하는 데까지 나아가기를 소망한다.

2. 기독교학교교육연구소 비전 (Vision)

기독교학교교육연구소는 그 장을 학교로 하는 기독교교육의 교육이념, 교육과정, 교육방법, 교육행정, 교육상담, 생활지도, 교육정책 등을 연구하고, 그 결과를 홍보, 출판, 연수 등을 통해 보급함으로 하나님의 뜻이 이루어지는 기독교 학교교육이 되며 왜곡된 한국의 학교교육의 대안이 되도록 지원하여 교육의 영역에서 하나님 나라를 확장한다.

3. 기독교학교교육연구소 활동

연　　구 ■ 연구과제 수행 (자체 연구 및 외부 위탁 연구)
　　　　　■ 학술 세미나, 심포지엄

자료 발간 ■ 자료 수집 (국내·외)
　　　　　■ 연구시리즈 발간 (연구신서와 연구보고서 발간)

네트워크 ■ 목회자 / 학교 · 기관장 초청 간담회 (기독교교육에 대한 홍보와 연계 강화)
　　　　　■ 네트워크 형성 (국내·외 기독교학교, 연구소, 유관기관과의 네트워크 형성 및 인적·물적 자원 교류)
　　　　　■ 소식지 발간, 홈페이지

연　　수 ■ 기독교학교 지도자 연수 (지도자 양성 및 교육 업무)
　　　　　■ 기독교사 및 예비 교사 연수 (교사 양성 및 교육 업무)
　　　　　■ 기독 학부모 교실

4. 섬기는 사람들

1) 이사

이름 · 직함	소 속	비 고
김진홍 목사	두레교회	이사장
김동호 목사	높은뜻숭의교회	이사
김요셉 목사	원천침례교회	이사
김형국 목사	나들목 사랑의교회	이사
단혜향 교장	독수리기독중고등학교	이사
박상진 교수	장로회신학대학교	이사, 소장
박은조 목사	샘물교회	이사
방선기 목사	이랜드	이사
이문식 목사	남서울산본교회	이사
정성진 목사	거룩한빛 광성교회	이사
정태일 목사	사랑방교회	이사
조건회 목사	예능교회	이사
홍배식 목사	숭덕여자중고등학교	이사
홍성욱 목사	안양제일교회	이사

2) 자문위원

이름 · 직함	소 속	비 고
김선요 교수	서울여자대학교	자문위원
김성수 총장	고려신학대학교	자문위원
김승태 사장	예영커뮤니케이션	자문위원
김정섭 국장	기독교학교 연합회	자문위원
김희자 교수	총신대학교	자문위원
송인수 총무	좋은교사 운동	자문위원
신기영 교장	지구촌고등학교	자문위원
오춘희 교수	독수리 기독교학교연구소	자문위원
정진곤 교수	한양대학교	자문위원
현은자 교수	성균관대학교	자문위원
Wesley Wentworth	IVP	자문위원

3) 전문위원

이 름	소 속	비 고
김신자	인천 숭덕여고	전문위원
김영우	나들목 사랑의교회	전문위원
김영진	이랜드	전문위원
김현섭	남서울 산본교회	전문위원
도은아	거룩한빛 광성교회	전문위원
박영주	수원 중앙기독초등학교	전문위원
양희송	높은뜻숭의교회	전문위원
유영업	독수리기독중고등학교	전문위원
이동환	사랑방교회	전문위원
신현호	두레교회	전문위원
임경근	샘물초등학교	전문위원
임태규	기독교대안학교연맹	전문위원
정기원	두레학교	전문위원

4) 연구원

직 책	이 름
연구교수	강영택, 이정미
전임연구원	이종철, 엄준용
인턴연구원	김지현, 배윤선, 신은정, 이수경
객원연구원	류은정, 신혜진, 백하민

5. 행사 (2006~2007년)

5월 22 -23일	미국 ACSI (Association of Christian Schools International) 임원단 초청 세미나 "기독교학교의 새로운 전망" - 22일: 교회 목회자 대상 (연동교회 가나의집) - 23일: 기독교학교 교사 대상 (수원 중앙기독초등학교)

6월 16일	**기독교학교교육연구소 주최 심포지움** **"한국에서의 종교교육 자유의 현실과 과제"** (장신대 세계교회협력센터) **: 서울시 교육청의 종교교육 제한 조치에 대한 대응방안 모색** – 발제 1: 한국에서의 종교교육 자유의 현실 분석 (김용관) – 발제 2: 사립학교에서의 종교교육의 가능성과 한계성 (김재웅) – 발제 3: 종교교육의 자유에 대한 법률적 해석 (전재중) – 발제 4: 종교교육의 자유를 위한 한국교회의 공동체적 노력 (박상진)
6월 27 –28일	**호주 NICE (National Institute for Christian Education)** **리차드에들린 박사 초청 세미나 "기독교 학교교육을 위한 기독교사** **교육"** – 27일: 교사 대상 (높은뜻숭의교회 청어람) – 28일: 기독교학교 지도자 대상 (혜화동 기독교학교자료센터)
8월 10 –12일 (2박 3일)	**제1회 기독교사 컨퍼런스 개최 : "그리스도의 형상을 이루기까지"** (장신대 세계교회 협력센터) – 예배: 정성진, 박은조, 박상진, 김동호 / – 주제강의: 신기영, 박상진 – 선택강의: 정기원, 임경근, 권진하, 김태한 – 사례발표: 김윤권, 사랑방, 숭덕, 두레, 샘물, 독수리, 광성드림학교
9월 23일	**기독교대안학교연맹과 공동주최로 "기독교 대안학교 평가,** **어떻게 할 것인가?" 세미나 개최** (서울교총회관) – 발제 1: 기독교 대안학교와 국가적 평가기준 (강영택) – 발제 2: 기독교학교 자체평가 준거 시안 (이정미)
10월 21일	**기독교학교교육연구소 주최 학술대회 개최** **'1907년 평양대부흥운동과 기독교학교'** (영락교회 50주년 기념관) – 발제 1: 평양대부흥운동이 기독교학교설립운동에 끼친 영향 (박용규) – 발제 2: 한국교회 초기 기독교학교 설립에 대하여 (임희국) – 발제 3: 한국교회 초기 기독교학교의 건학이념 연구 (조성국) – 발제 4: 한국교회 초기 기독교학교의 교육과정 분석 (김정효) – 발제 5: 한국 기독교학교의 현실진단 및 갱신 운동 (김요셉)

12월 21일	**대안학교 설립·운영 규정(안) 입법예고에 따른** **기독교 대안학교 대표자 긴급 포럼** (장신대 세계교회 협력센터) – 발제: 정태일, 이종상, 이호훈, 송인수, 강영택
2월 5일	**한국 기독교계 사립학교의 자율성 및 정체성 재확립을 위한 과제** (장신대 세계교회 협력센터 1층 국제회의장) – 발제1: 한국에서 사립학교의 자율성 및 종교교육 자유의 한계와 　　　　과제 (김유환) – 발제2: 기독교학교의 건학이념 구현을 위한 기독교학교의 내적인 　　　　개선방안 (신기영) – 발제3: 기독교학교의 정체성 재확립을 위한 전략과 한국교회의 　　　　역할 (박상진)
3월 31일	**한국 기독교 대안학교의 현실과 과제** (높은뜻숭의교회 청어람) – 발제1: 기독교 대안학교의 현황 분석 (류은정) – 발제2: 기독교 대안학교의 정체성에 관한 논의 (박상진) – 발제3: 기독교 대안학교의 향후 과제 (강영택)
3월 14일 –5월 2일	**제1기 기독학부모 교실** : 8주 과정 (영락교회 봉사관) – 1강: 한국교육의 현실진단과 기독교적 인식 – 2강: 기독교적으로 교육보기 – 3강: 자녀 이해 – 4강: ‘여호와 경외’ 교육 – 5강: 성품교육 – 6강: 학업과 은사계발 – 7강: 학부모 운동의 현주소 – 8강: 기독학부모 운동과 하나님 나라 확장
5월 7일	**한국교회 100교회 초청 기독교학교 설립세미나** (분당 샘물교회) – 샘물기독학교 수업 참관 – 발제1: 한국교회가 기독교학교를 설립해야 하는 이유 (박상진) – 발제2: 샘물기독학교 설립 이야기 (박은조) – 발제3: 광성드림학교 설립 이야기 (정성진) – 사례발표1: 두레학교 (신현호) – 사례발표2: 중앙기독초등학교 (김상희) – 사례발표3: 샘물기독학교 (임경근)

6. 연구 · 출판

■ 기독교학교 자체평가 준거틀 [연구보고서1]

5가지 영역(1. 교육의 기초, 2. 공동체, 3. 학교구성원, 4. 학생, 5. 교육과정)에서, 『어느 정도 기독교학교인가?』에 대해 학교 스스로 '기독교학교됨'을 평가할 수 있도록 기준을 만든 연구다. '기독교대안학교연맹'(이하 '기대연')의 제안으로 2006년 3월에 연구를 시작하였고, 미국의 CSI, ACSI 자료들, 한국교육개발원의 학교평가 자료들, 기타 교육학 및 기독교교육학의 자료들을 참조하였다. 연구된 자료는 2006년 9월 23일 기대연과 공동으로 주최한 세미나 "기독교 대안학교 평가, 어떻게 할 것인가?"에서 발표되었으며, 보완 작업 후 출판되었다.

■ 기독교 대안학교 실태조사 연구

교사 수, 학생 수, 건학이념, 조직, 커리큘럼 등 각 영역별로 기독교 대안학교의 현황을 심도 있게 파악·진단하고, 이를 기초로 개선방안을 모색하는 연구다. 기독교 대안학교의 수가 급속하게 늘고 있는 가운데, 현재 한국에 있는 기독교 대안학교의 정확한 실태를 파악할 필요가 있어 2006년 7월부터 연구를 시작하였다. 학교 홈페이지에서 학교 정보를 정리한 후 그 자료를 '학교현황 확인 설문지'와 함께 각 학교로 발송하여 회신을 받았다. 이 자료를 종합하여 분석한 결과를 지난 3월 "한국 기독교 대안학교의 현실과 과제" 세미나에서 발표하였으며, 이를 보완하여 출판할 예정이다.

■ 기독교학교 절기교육 지원 연구

부활절, 성탄절 등 기독교 주요 절기에, 기독교학교 교사들이 학교에서 쓸 수 있는 교육자료를 제작·보급하자는 취지로 2006년 7월에 연구가 시작되었다. 연구소 협력학교들의 절기교육 현황을 조사하고, 기존의 교회학교 자료들을 재구성하여 이번 부활절에 쓸 수 있도록 자료를 발간하여 학교에 제공하였다.

■ 기독 학부모교실 교육과정 연구

건전한 기독교 학교교육을 세워 가는데 있어서 기독학부모는 가장 필수적인 기반이 된다. 부모교육이나 세속 학부모운동은 있지만, '학교교육과 연관하여', '기독학부모라면' 어떻게 해야하는지에 대한 교육과정이 전무하다. 2006년 7월부터 연구를 시작하였고, 기존의 자료들(부모교육, 학부모운동, 기독교학교의 부모교육 자료 등)을 분석하여, 교육과정을 개발하였다. 지난 3월부터 영락교회 성도들을 대상으로 '제1기 기독학부모교실'을 개설하였고, 이 내용을 보완하여 출판할 예정이다.

■ 기독교 학교교육 연구신서 1, 2권 발간
  (『기독교학교교육론』, 『평양대부흥운동과 기독교학교』)

박상진 소장의 오랜 고민과 학문의 결과물인, 『기독교학교교육론』이 지난 9월 5일 예영커뮤니케이션을 통해 발간되었다. 이 책은 제목 그대로 '기독교 학교교육을 위한 교과서와 같은 책'으로 많은 이들이 이 책을 읽고 도움을 얻고 있다.

2006년 10월에 실시한 학술대회(1907년 평양대부흥운동과 기독교학교의 관계에 관한 연구)에서 발표되었던 자료들을 정리하여 연구신서 2권을 발간하였다. 이 책은 100년 전 이 땅에 있었던 영적부흥이 기독교학교에 어떤 영향을 미쳤는지 자세히 기록하고 있다.

■▶ 연구소는 앞으로도 지속적으로 기독교 학교교육을 위한 연구들을 진행하며, 이를 자료로 출판하여, 많은 분들에게 도움을 드리는 일을 하고자 합니다.

7. 2007년 향후 사업 및 연구 계획

〈사업계획〉

- 8월 : 제2회 기독교학교 교사 컨퍼런스
- 10월 : 제2회 학술대회
- 11월 : 미션스쿨 실태조사
- 11월 : 감사예배 겸 후원의 밤 행사

〈연구계획〉

- 한국 입시에 대한 기독교적 대안 연구
- 기독교학교 설립에 관한 연구
- 교육과정 및 교과 개발 연구
- 기독교학교(미션스쿨) 진단에 관한 연구
- 기독학부모교실 교육과정 개발 연구

8. 후원 안내

☞ "기도후원"과 "재정후원"으로 기독교학교교육연구소의 후원자가 되실 수 있습니다. 기독교 학교교육이 이 땅에 힘차게 펼쳐지기 위해서 여러 후원자님들의 "기도"와 "도움"이 필요합니다.

후원계좌 : 국민은행 917701-01-071667 박상진 (기교연)
(02-6458-3456 으로 전화주시면 친절히 안내해 드리겠습니다.)

회원님들께 드리는 특전

1. 기독교학교교육연구소에서 발행되는 소식지를 보내드립니다.
2. 연구소에서 개최하는 포럼 및 세미나에 초대됩니다.
3. 기독교학교교육공동체의 귀중한 일원이 됩니다.

현재 연구소 협력학교 및 후원 교회(기관) 소개

- 학교 : 광성드림학교, 독수리 기독중고등학교, 두레학교, 사랑방학교, 샘물기독학교, 중앙기독초등학교, 숭덕여자중고등학교, 한마음기독고등학교
- 교회 : 두레교회, 높은뜻숭의교회, 샘물교회, 예능교회, 거룩한빛광성교회, 남서울산본교회, 나들목사랑의교회, 안양제일교회, 원천침례교회, 사랑방교회
- 기관 : 아시안미션(이랜드)

9. 오시는 길

- 5호선 광나루역 2번 출구에서
  도보로 10~15분
- 2호선 강변역 1번 출구로
  나와 길 건너서 01번 마을버스
  (미소시티 아파트 앞) 하차

기독교학교교육연구소
서울시 광진구 광장동 114
현대골든텔 3차 311호
전화 02-6458-3456 **팩스** 3455
이메일 webmaster@cserc.or.kr
홈페이지 www.cserc.or.kr